Corrado Conforti · Linda Cusimano

Linea diretta nuovo

Corso di italiano per principianti

Lezioni e Esercizi

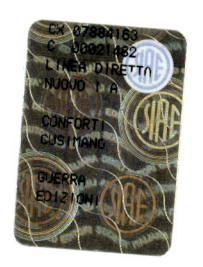

1a

Guerra Edizioni

Per la preziosa collaborazione durante la produzione e sperimentazione del libro, ringraziamo le colleghe ed amiche Gabriella De Rossi, Mariangela Porta e Luciana Ziglio.

Tutti i diritti riservati

10. 9. 8.
2010 2009 2008

Edizione originale:
© 2002 Max Hueber Verlag, 85737 Ismaning, Germania
Copertina: Zembsch' Werkstatt, Monaco di Baviera; Büro Sieveking, Monaco di Baviera
Disegni: Monika Kasel, Düsseldorf
Progetto grafico: Büro Sieveking, Monaco di Baviera

© 2005 Guerra Edizioni, Perugia, Italia

Printed in Italy

ISBN 88-7715-735-6

Indice

| **LEZIONE 1** | **Ciao, come stai?** | **p. 9** |

Ascolto:

Ciao, come stai?

Lettura:

Due mail

Intenzioni comunicative
salutare; presentare qualcuno; presentarsi; parlare di sé; informarsi sull'interlocutore; offrire qualcosa; esporre un problema; parlare di qualcuno

Elementi morfosintattici
uso dei **pronomi soggetto** *(io, tu, Lei)*; **essere** *(sono, sei, è)*; l'**articolo determinativo** *(il, la, l', lo)*; l'**articolo indeterminativo**; **sostantivi** ed **aggettivi** al singolare; **forme singolari del presente** dei **verbi regolari** e di alcuni **verbi irregolari**; i **numeri** (1-20); alcune **preposizioni**; alcune **esortazioni** *(senti!, scusa!)*

| **LEZIONE 2** | **Che cosa prendi?** | **p. 20** |

Ascolto:

Che cosa prendi?

Lettura:

Una cartolina da Arezzo

Intenzioni comunicative
richiamare l'attenzione di qualcuno; ordinare qualcosa; informarsi; chiedere gentilmente qualcosa; offrire qualcosa; ringraziare; raccontare

Elementi morfosintattici
i **numeri** (21-100); il **plurale** dei **sostantivi**, degli **aggettivi** e degli **articoli determinativi**; l'**accordo** dell'**aggettivo** con il **sostantivo**; l'**indicativo presente** dei **verbi regolari** e di alcuni **verbi irregolari** *(fare, andare)*; alcune **esortazioni** *(senti!, senta!, dica!, tenga!)*; **esserci**; alcune **preposizioni**; l'**ora**; il verbo **piacere**

| **LEZIONE 3** | **Ho una camera prenotata** | **p. 32** |

Ascolti:

Ho una camera prenotata
Una prenotazione

Letture:

L'Italia del buon albergo
Tre prenotazioni

Intenzioni comunicative
presentarsi; chiedere conferma; rassicurare; chiedere e fornire informazioni; confermare una prenotazione

Elementi morfosintattici
numeri cardinali ed **ordinali**; il verbo **dare**; le **preposizioni** *su, da, a* + articolo determinativo; **plurale** dei **sostantivi** in *-co* e *-go*; l'**alfabeto**; la **data**

LEZIONE 4 — Senta, scusi! — p. 44

Ascolti:

Senta, scusi!
Un messaggio

Lettura:

In Italia è così

Intenzioni comunicative
chiedere indicazioni; rammaricarsi; indirizzare qualcuno a un'altra persona; ringraziare; spiegare a qualcuno come raggiungere un luogo

Elementi morfosintattici
l'**indicativo presente** di alcuni **verbi irregolari** *(uscire, volere, dovere, potere, sapere, venire)*; i **pronomi diretti** *(lo, la, li, le)*; le **preposizioni articolate**; la formazione dell'**avverbio**; gli indefiniti **tutto** e **ogni**

LEZIONE 5 — Ho saputo che hai fatto un viaggio — p. 54

Ascolti:

Ho saputo che hai fatto un viaggio

Letture:

Non è mai troppo tardi
I consigli di Viaggeria.it

Intenzioni comunicative
raccontare di un viaggio; informarsi; proporre qualcosa

Elementi morfosintattici
il **passato prossimo** dei verbi transitivi e intransitivi; la **doppia negazione**; il **superlativo assoluto**; il «**si**» **impersonale** e **passivante**; l'**articolo partitivo** (plurale)

LEZIONE 6 — Che cosa ci consiglia? — p. 64

Ascolto:

Che cosa ci consiglia?

Letture:

Una ricetta
Un'osteria romana

Intenzioni comunicative
chiedere e fornire spiegazioni; consigliare e farsi consigliare

Elementi morfosintattici
la dislocazione del **complemento oggetto**; il pronome partitivo **ne**; l'**articolo partitivo** (singolare); gli **aggettivi possessivi**

| **LEZIONE 7** | **Come passate la giornata?** | **p. 74** |

Ascolto:

Come passate la giornata?

Letture:

Due mail, Una cartolina
Gli italiani e il tempo libero

Intenzioni comunicative

proporre; rallegrarsi; invitare; rammaricarsi; informarsi; raccontare; fare gli auguri e complimentarsi

Elementi morfosintattici

i **verbi riflessivi**; il **presente progressivo** (*stare* + gerundio); il **comparativo** (1. parte)

| **LEZIONE 8** | **Non lo sapevo!** | **p. 84** |

Ascolto:

Non lo sapevo!

Letture:

Vestivamo alla marinara
Club Med

Intenzioni comunicative

informarsi; raccontare; trarre una conclusione; esprimere sorpresa

Elementi morfosintattici

l'**imperfetto indicativo** e il suo uso nelle frasi principali; la **differenza** di significato dei verbi *sapere* e *conoscere* se all'**imperfetto** o al **passato prossimo**; il **gerundio** modale; **ogni/ognuno/tutti**

| **ESERCIZIARIO E GRAMMATICA PER LEZIONI** | **p. 95** |

| **TAVOLE GRAMMATICALI** | **p. 203** |

| **GLOSSARIO DELLE LEZIONI** | **p. 220** |

| **ELENCO PAROLE IN ORDINE ALFABETICO** | **p. 240** |

| **SOLUZIONI DELL'ESERCIZIARIO** | **p. 248** |

SIMBOLI:

CD₇ Testo su CD, Traccia 7

ABBREVIAZIONI:

		avv.	avverbio	per es.	esempio	sing.	singolare
cfr.	confronta	f.	femminile	qc.	qualcosa	pl./plur.	plurale
agg.	aggettivo	m.	maschile	qn.	qualcuno	pers.	persona

Introduzione

Linea Diretta nuovo 1a costituisce la prima parte di un corso d'italiano per principianti o discenti con conoscenze elementari, costituito da tre volumi (*Linea Diretta nuovo 1a, 1b* e *Linea Diretta 2*). Questa nuova versione rispecchia l'originaria metodologia di *Linea Diretta*, ma nel contempo tiene conto delle esperienze raccolte in classe negli ultimi anni e dei molteplici stimoli e suggerimenti di insegnanti e studenti che accogliamo con gratitudine. Le novità più evidenti sono la suddivisione del primo volume in due parti, l'eserciziario integrato nel manuale, il CD inserito nella copertina, lezioni nuove o rielaborate con una supplementare pagina introduttiva, numerosi nuovi esercizi ed una grammatica ottimizzata. Sono stati poi attualizzati foto, materiale autentico e testi.

Linea Diretta nuovo si rivolge a chi voglia imparare l'italiano per essere in grado di comprendere e usare con Italiani espressioni di tipo quotidiano.

Come dice il titolo stesso, scopo di **Linea Diretta** è quello di porre gli studenti a contatto diretto con la lingua autentica, quella effettivamente usata in Italia. Ogni lezione inizia con una pagina che ha lo scopo di introdurre il tema. A questa segue un brano d'ascolto, ossia un dialogo di una certa ampiezza tra due o tre speaker di lingua madre che, usando la loro normale fluenza, hanno riprodotto una situazione quotidiana, poi incisa su CD. Il primo contatto con il ritmo e la prosodia che caratterizzano la lingua italiana farà vincere all'allievo la paura, consentendogli di familiarizzare pian piano con il modello di ritmo proposto e con la velocità d'eloquio tipica degli Italiani. Il lessico delle domande relative ai questionari degli ascolti, spesso introdotto da disegni o foto, facilita l'ascolto stesso e permette allo studente di concentrarsi su determinati dettagli. Egli sa fin dall'inizio di non dover comprendere tutto e pertanto, rilassato e senza timori, potrà far sì che la lingua "agisca" su di lui. Questo dialogo iniziale viene poi riproposto passo a passo in piccole "porzioni", sotto forma di minidialoghi. Ai dialoghi seguono in genere esercizi interattivi finalizzati al consolidamento delle strutture apprese e all'ampliamento del vocabolario. In ogni lezione sono inoltre presenti brani che trattano aspetti di costume e cultura ed attività di produzione orale e scritta in cui vengono liberamente esercitate le conoscenze acquisite. Mentre le pagine del manuale sono ideate per l'uso in classe, quelle dell'eserciziario sono destinate a un lavoro a casa: la loro tipologia ne permette un'elaborazione individuale, inoltre chiare spiegazioni grammaticali e tavole riassuntive porteranno il discente a una più profonda comprensione della lingua italiana.

In appendice al volume si trovano la grammatica sistematica, il glossario delle lezioni, in cui vengono riportati i vocaboli in ordine di apparizione, un elenco delle parole in ordine alfabetico e le soluzioni dell'eserciziario.

Il CD integrato offre all'allievo la possibilità di riascoltare autonomamente, anche al di là della lezione, i vari brani d'ascolto.

Linea Diretta nuovo costituisce dunque un riuscito equilibrio fra approccio metodico e soluzioni ludiche.

Il primo volume conduce, dopo due-tre semestri, al livello di competenza A1 stabilito nel *Quadro comune europeo di riferimento per le lingue* del Consiglio d'Europa.

LEZIONE 1

Ciao, come stai?

Giancarlo va a casa di Marcello che abita con la madre.

CD₁ (1)

ASCOLTO

I   Ascoltate almeno tre volte il dialogo e alla fine di ogni ascolto confrontate quanto avete capito con un compagno diverso.

II Segnate con una crocetta le informazioni esatte.

a. Marcello è
- in salotto. ☐
- in cucina. ☐
- in giardino. ☐

b. Monica Gomes è
- spagnola. ☐
- portoghese. ☐
- brasiliana. ☐

c. È in Italia
- in vacanza. ☐
- per lavoro. ☐
- per studiare l'italiano. ☐

d. Giancarlo è
- giornalista. ☐
- architetto. ☐
- insegnante. ☐

e. Monica beve
- un Campari. ☐
- un prosecco. ☐
- un Martini. ☐

f. Giancarlo beve
- un Campari. ☐
- un prosecco. ☐
- un Martini. ☐

LEZIONE 1

2 DIALOGO

● Buonasera, signora.
■ Ehi, Giancarlo, ciao. Come stai?
● Bene, signora, e Lei come sta?
■ Eh, non c'è male, grazie.

Completate lo schema.

Formale:	_____ , signora.		Bene.	E Lei?
	Buongiorno, signor Rossi	Come _____ ?	Abbastanza bene.	
Confidenziale:	_____ , Giancarlo.	Come _____ ?	_____ .	E tu?
			Benissimo.	

3 ESERCIZIO

Il signor Fallaci incontra la signora Marchi. Che cosa dice?
Giovanna incontra Michele. Che cosa dice? Formate altre coppie e fate i dialoghi.

Mario FALLACI
Anna MARCHI
Sergio SCHILLACI
Luca COLOMBO
Michele MAGNANI
Giovanna SCHIAVONI
Margherita SCAVOLONI
Giorgio GHIRELLI

DIALOGO

▼ Ciao, Giancarlo, tutto bene?
● Sì, bene. Tu stai bene?
▼ Sì, io sto bene. Senti, ti presento la mia amica Monica Gomes.
● Ciao. Io sono Giancarlo.
▲ Ciao, piacere.

Completate.

Formale:	Le presento	Piacere!
	il mio amico Giulio Marchi.	Molto lieto!/Molto lieta!
	_____ amica Monica Gomes.	Piacere!
Confidenziale:	___ presento	_____!

ESERCIZIO

Completate i dialoghi.

Franco, ____ ____ la mia ____ Rita. Rita, questo è Franco.

Ciao!

Signora De Cesari, ___ ____ il signor Bianchi. Signor Bianchi, la signora De Cesari.

____!

Molto lieta!

LEZIONE 1

6   ESERCIZIO

Completate con *ti presento* o *Le presento*.

a. Franco, _____ _____ la mia amica Giulia.

b. Stefania, _____ _____ il mio amico Carlo.

c. Signora Castagnoli, _____ _____ il signor Rossi.

d. Dottor Chesani, _____ _____ la signora Poli.

e. Piero, _____ _____ il mio amico Gigi.

f. Signor Ruberti, _____ _____ la dottoressa Ferri.

7   E ADESSO TOCCA A VOI!

Lei va da un/una conoscente che Le presenta un ospite.

8   DIALOGO

CD₄

- ● Scusa, come ti chiami?
- ▲ Monica.
- ● Sì, Monica. Ma di cognome?
- ▲ Gomes.
- ● Eh, ma non sei italiana. Sei portoghese?
- ▲ No, sono brasiliana.
- ● Ah, brasiliana. E di dove?
- ▲ Di San Paolo.

Completate.

	Scusi, come si chiama?
Formale:	Lei non è italiano/italiana.
	È portoghese?
	_____, come ____ chiami?
Confidenziale:	Tu non ____ italiano/italiana.
	____ portoghese?

12

⑨ ESERCIZIO

Completate il dialogo, poi confrontate con un compagno.

- Scusi, Lei come _____?
- John Richard.
- Lei _____ inglese?
- No, _____ americano.
- Ah, americano. E _____?
- Di Boston.

⑩ E ADESSO TOCCA A VOI!

Formate delle coppie. Uno di voi ha una delle seguenti identità. L'altro/altra vi intervista.

Franz/Franziska Soller	tedesco/austriaco	Amburgo/Linz
Michel/Michelle Duval	francese/canadese	Lione/Montreal
José/Mercedes Rodriguez	spagnolo/argentino	Siviglia/Buenos Aires
Björn/Ulla Knutsen	norvegese/danese	Oslo/Copenhagen
Franco/Franca Galli	italiano/svizzero	Napoli/Lugano

LEZIONE 1

DIALOGO

● Ma tu vivi in Brasile o in Italia?
▲ Io vivo a San Paolo, in Brasile.
● Eh, ma parli benissimo l'italiano.
▲ Eh sì, perché sono di origine italiana.
● Ah, ecco. E cosa fai adesso a Roma?
▲ Sono qui per lavoro.
● E che lavoro fai?
▲ Sono giornalista.

Completate.

Formale:	Lei vive ____ Brasile o ____ Italia?	Io vivo ___ San Paolo, ____ Brasile.
Confidenziale:	____ ____ ____ Brasile o ____ Italia?	

ESERCIZIO

A coppie fate le domande e rispondete secondo il modello qui sopra.

Germania / Austria   Berlino / Vienna
Francia / Canada   Parigi / Toronto
Spagna / Argentina   Barcellona / Cordoba
Norvegia / Danimarca   Bergen / Copenhagen
Italia / Svizzera   Roma / Chiasso

Completate.

Formale:	Che lavoro fa?	
		_____ giornalista.
Confidenziale:	Che lavoro ____?	

a. ingegnere 
b. impiegata 
c. insegnante

d. commesso 
e. medico 
f. segretaria

g. operaio
h. casalinga 
i. farmacista 

13 E ADESSO TOCCA A VOI!

A Lei è da amici e conosce una delle seguenti persone. Chiede nome, provenienza e professione.

B Lei è la persona intervistata. Risponde a tutte le domande.

Luigi Mazzi
Svizzera, Lugano
avvocato

Irene Apostolakis
Grecia, Atene
medico

Werner Link
Germania, Monaco
impiegato

Monique Dubois
Francia, Lione
segretaria

LEZIONE 1

DIALOGO

▲ E tu invece che cosa fai?
● Io sono insegnante, come Marcello.
▲ Ah, anche tu?
● Sì, lavoro in un liceo, ma non qui a Roma.
▲ E dove?
● Vicino a Roma, a Frascati.

Completate.

Formale:	Lei dove lavora?	in ____ liceo.
		in **una** farmacia.
	_____	in **un** ufficio.
Confidenziale:	Tu dove lavori?	in **un'**agenzia.
		in **uno** studio legale.

ESERCIZIO

Completate i dialoghi e poi confrontate con un compagno.

▲ E Lei che cosa _____?
● Io _____ impiegata.
▲ E dove lavora?
● In una scuola, ma non qui a Siena.
▲ E _____?
● _____ _____ Siena, ____ San Gimignano.

▲ E tu che cosa _____?
● Io _____ commesso.
▲ E dove lavori?
● In un supermercato.
▲ E _____?
● _____ _____ Modena, ____ Carpi.

⑯ E ADESSO TOCCA A VOI!

Intervistate almeno tre compagni. Chiedete loro che cosa fanno e dove lavorano.

⑰ DIALOGO

- ■ Ragazzi, prendete qualcosa?
- ▲ Sì, volentieri.
- ■ Lei, signorina, che cosa prende? Un analcolico, un Campari ... un prosecco ...
- ▲ Un prosecco, grazie.
- ■ Prego. E tu?
- ● Io preferisco un Campari.
- ■ Benissimo.
- ● Allora, alla salute.
- ▲ Alla salute.
- ■ Cin cin.

⑱ E ADESSO TOCCA A VOI!

Offrite a due amici qualcosa da bere.

acqua minerale — vino rosso — vino bianco — aranciata — birra — spumante

LEZIONE 1

LETTURA

(19)

Francesca scrive ad Anna un'e-mail.

> Cara Anna,
>
> come stai? Come va la vita a Graz? Io sto bene, ma in questo momento ho un piccolo problema: il mese prossimo Gianni ed io partiamo per la Sardegna e quindi cerchiamo una baby sitter per il bambino. Conosci una ragazza seria e simpatica disposta a venire per 15-20 giorni in vacanza con noi?
> Scrivimi presto.
>
> Cari saluti
>
> Francesca

Rispondete alle domande.

a. Dove vive Anna? _____

b. Come sta Francesca? _____

c. Che cosa cerca Francesca? _____

Anna risponde a Francesca.

> Cara Francesca,
>
> forse ho trovato la baby sitter per te. Si chiama Mary Courtright, ha 19 anni, è di Boston e vive qui da due anni. Abita vicino a casa mia e studia pedagogia. Conosce lo spagnolo e il francese e capisce un po' l'italiano. È una ragazza seria e simpatica. Il numero di telefono di Mary è 0043-316-549812. L'indirizzo mail è marycourt@hotmail.com
>
> Ciao e a presto!
>
> Anna

Rispondete alle domande.

a. Chi è Mary? _____

b. Di dov'è? _____

c. Dove abita adesso? _____

d. Quanti anni ha? _____

e. Che cosa studia? _____

f. Che lingue parla? _____

I Numeri

0	1	2		3	4	5
zero	uno	due		tre	quattro	cinque
	6	7		8	9	10
	sei	sette		otto	nove	dieci
11	12	13		14		15
undici	dodici	tredici		quattordici		quindici
	16	17	18	19		20
	sedici	diciassette	diciotto	diciannove		venti

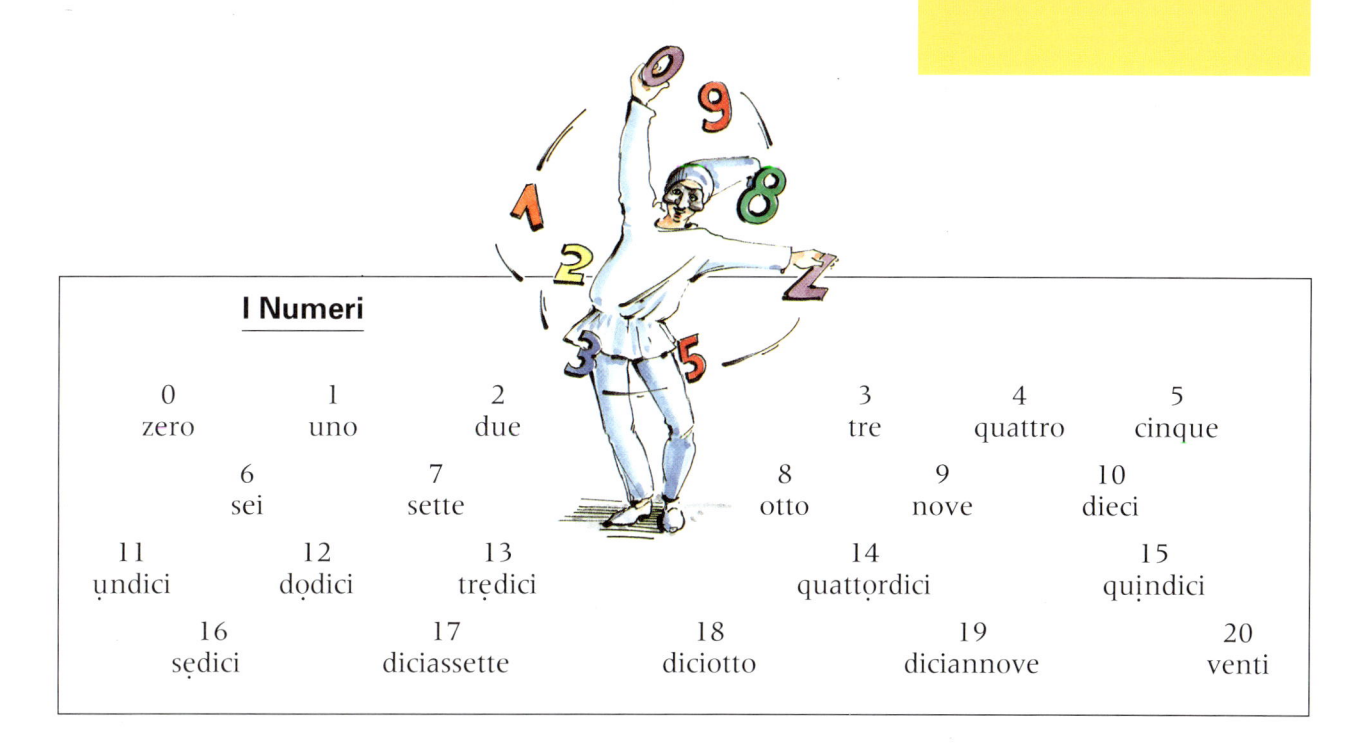

Completate.

maschile	femminile
il bambino	____ vita
____ spagnolo	la ragazza
____ italiano	l' amica
____ indirizzo	

20 ESERCIZIO

Cercate nella lezione 10 sostantivi e scriveteli con l'articolo determinativo.

Completate.

infinito	3ª persona singolare
chiamarsi	_____ Mary
avere	Mary _____ 19 anni
essere	_____ di Boston
studiare	_____ pedagogia
conoscere	_____ lo spagnolo
capire	_____ l'italiano

21 E ADESSO TOCCA A VOI!

Scrivete una breve e-mail a Francesca e raccomandate una persona di Vostra conoscenza.

LEZIONE 2

Che cosa prendi?

PER INIZIARE

BAR - LISTINO PREZZI

CAFFETTERIA

CAFFÈ ESPRESSO	€ 0,77
" CORRETTO	" 1,34
" DECAF.	" 0,83
" LATTE	" 0,98
LATTE	" 0,77
CAPPUCCINO	" 0,93
CIOCCOLATO	" 1,29
THE	" 0,83
CAMOMILLA	" 0,83
PUNCH	" 1,81

APERITIVI

APERITIVI	" 4,13
" DI MARCA	" 4,13
APEROL	" 2,58
ANALCOLICI	" 1,55
BIANCO SARTI	" 2,58
AMARI	" 1,55
" DI MARCA	" 2,58

LIQUORI

LIQUORI NAZ.	" 1,55
BRANDY	" 1,55
" RISERVA	" 1,55
GRAPPA	" 1,55
LIQUORI ESTERI	" 1,55
COGNAC	" 1,55
WHISKY	" 1,55

VINI

VERMOUTH	€
VINO NAZ. AL BIC.	" 1,03
" EST.	" "
" DESSERT	" 2,58
PORTO	" 2,58

BIBITE

BIRRA GRANDE	" 3,10
" PICCOLA	" 1,29
" ESTERA	" 2,84
" LATTINA	" 1,81
BIBITE	" 1,29
" BOTTIGLIA	" 1,29
SPREMUTE	" 1,81
SCIROPPI	" 1,55
SPUMA	" 0,62
SUCCO DI FRUTTA	" 1,55
CEDRATA	" 1,29
GASSOSA	" 1,29

SNACK

PASTE	" 0,77
PANINI	" 1,45
PIZZA	" 1,55
TARTINE	" 1,55
TOAST	" 1,45
FOCACCE	" 2,58
BRIOCHES	" 0,62

ASCOLTO

Oggi è una bella giornata e Marco e Gabriella, mentre passeggiano per il centro di Roma, vedono un bar.

I Ascoltate almeno tre volte il dialogo e alla fine di ogni ascolto confrontate quanto avete capito con un compagno diverso.

II Segnate con una crocetta le informazioni esatte.

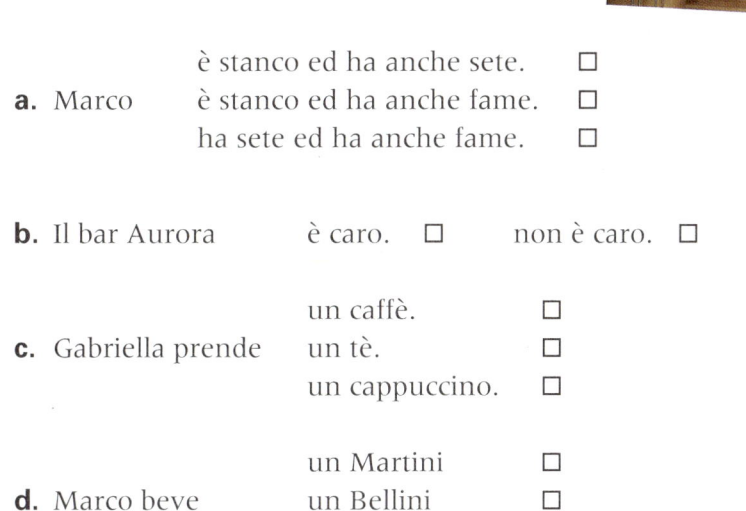

a. Marco
- è stanco ed ha anche sete. ☐
- è stanco ed ha anche fame. ☐
- ha sete ed ha anche fame. ☐

b. Il bar Aurora   è caro. ☐   non è caro. ☐

c. Gabriella prende
- un caffè. ☐
- un tè. ☐
- un cappuccino. ☐

d. Marco beve
- un Martini ☐
- un Bellini ☐
- un Rossini ☐

e ordina anche
- un tramezzino. ☐
- una pizzetta. ☐
- un medaglione. ☐

e. Gabriella ha un appuntamento
- con un collega ☐
- con un'amica ☐
- con un conoscente ☐

- alle undici. ☐
- a mezzogiorno. ☐
- all'una. ☐

LEZIONE 2

DIALOGO

▲ Senta, scusi.
● Buongiorno. Desiderano?
■ Eh ... dunque, io vorrei un tè.
● Al latte o al limone?
■ Al limone.
● E per Lei?
▲ Un Bellini.

ESERCIZIO

In coppie o in piccoli gruppi fate dei dialoghi con le seguenti consumazioni.

> ☐ Desidera/Desiderano?
> ○ Io vorrei ...

cornetto   con la crema / con la marmellata

birra   piccola / grande

whisky   liscio / con ghiaccio

panino   con il prosciutto / con il salame

bicchiere di latte   caldo / freddo

gelato   con / senza panna

aperitivo   alcolico / analcolico

aranciata   dolce / amara

22

DIALOGO

▲ ..., io vorrei mangiare qualcosa.
  ...e spuntini avete?
● ...guardi, abbiamo tramezzini, toast, poi pizzette, ...aglioni, panini ...
▲ Un tramezzino, magari ... I tramezzini come sono?
● I soliti: tonno e pomodoro, mozzarella e spinaci ...
▲ Un tramezzino con mozzarella e funghi c'è?
● Sì, c'è.
▲ Ah, be', allora un tramezzino con mozzarella e funghi e un Bellini.
● Bene.

Completate.

il tramezzino	____ tramezzini
____ pizzetta	le pizzette
il medaglione	____ medaglioni
____ spuntino	gli spuntini

(6) ESERCIZIO

Scrivete le seguenti ordinazioni.

_____

_____

_____

_____

23

LEZIONE 2

7 — E ADESSO TOCCA A VOI!

A è il cameriere e B è il cliente. Potete offrire o chiedere spuntini anche con i seguenti ingredienti:

- prosciutto
- asparagi
- salame
- melanzane
- zucchine
- uova
- gamberetti
- formaggio
- radicchio

8 — DIALOGO

- ■ Cosa dici, paghiamo?
- ▲ Eh, sì paghiamo subito, però faccio io.
- ■ Ma dai, sempre tu?
- ▲ No, lascia. Quant'è, scusi?
- ● 14 euro e 25.
- ▲ Ecco qui.
  Tenga pure il resto.
- ● Bene, grazie.
- ▲ Grazie a Lei.
- ■ Ah, senta, potrebbe portare anche un portacenere, per cortesia?
- ● Certo, subito ... ecco.

9 ESERCIZIO

Nel dialogo appaiono le seguenti espressioni.
Come direste nella vostra lingua? Scrivetelo qui sotto.

Cosa dici...?   Potrebbe...?   Faccio io!   Ma dai!   Tenga pure...   Certo.

○ Cosa dici...?   _____

○ Faccio io!   _____

○ Ma dai!   _____

○ Tenga pure...   _____

○ Potrebbe...?   _____

○ Certo.   _____

10 ESERCIZIO

Inserite adesso le espressioni nei seguenti dialoghi.

☐ _____ , prendiamo un caffè?
▽ Sì, volentieri.

☐ Quant'è?
▽ 7 euro e 50 centesimi.
☐ Ecco a Lei. _____ il resto.

▽ _____ .
☐ No, lascia, paghi sempre tu!

▽ _____ portare ancora un po' di zucchero?
☐ _____ , subito!

☐ Andiamo al Bar Aurora!
▽ _____ , il bar Aurora è caro!

25

LEZIONE 2

11   ESERCIZIO

> ☐ Senta, potrebbe portare *un portacenere*, per cortesia?
> ○ Certo, subito.

Continuate.

un cucchiaino

un altro bicchiere

ancora un po' di zucchero

un po' di latte

un altro tovagliolo

I NUMERI

20	30	40	50
venti	trenta	quaranta	cinquanta

60	70	80	90
sessanta	settanta	ottanta	novanta

21	32	43	54	65
ven**tu**no	trentadue	quaranta**tré**	cinquantaquattro	sessantacinque

76	87	98	99	100
settantasei	ottantasette	novan**to**tto	novantanove	cento

12   ESERCIZIO

Completate gli scontrini con il prezzo. Fate poi dei dialoghi secondo il modello.

Quant'è, scusi?

_____

Ecco qui. Tenga pure il resto.

1 gelato	€ _____	2 pizzette	€ _____
1 Campari	€ _____	2 aranciate	€ _____
Totale	€ _____	Totale	€ _____

⑬ E ADESSO TOCCA A VOI!

A Lei è in un bar, chiama il cameriere e ordina qualcosa da bere. Lei ha anche fame e chiede consiglio al cameriere. Alla fine ordina. Quando il cameriere Le porta i cibi/le bevande, Lei chiede di pagare subito.

B Lei è cameriere in un bar. Un/una cliente Le ordina qualcosa. Ha fame, ma non sa quali snacks ci sono. Gli/le consigli qualcosa.

⑭ LETTURA

Leggete la seguente cartolina.

Cari Laura e Marco,
come state? Che cosa fate di bello? Io sono in vacanza in Toscana con mamma e papà. Abitiamo in una bella casa in campagna, vicino ad Arezzo. Il posto è bello, ma per me un po' noioso. Per fortuna in città ci sono molti locali carini e qui vicino c'è anche una discoteca. Così la sera spesso prendo la macchina e vado in centro o a ballare, mentre mamma e papà restano a casa e guardano la televisione (come fanno tutto l'anno!). Noi restiamo in Toscana fino alla fine del mese e poi torniamo in Germania. Perché non fate un salto qui, magari fra due settimane, quando c'è la Giostra del Saracino?

Un abbraccio Elke

Visit my photo gallery
www.sandrosantioli.com
www.terraditoscana.com

Send your free e-cards
www.1000cards.com

Riproduzione vietata

Laura & Marco Ricci

Via Meucci, 3

35100 Padova

Rispondete alle domande.

a. Con chi è in vacanza Elke?
b. Com'è il posto?
c. Che cosa fa la sera?
d. Fino a quando resta in Toscana?
e. Cosa c'è ad Arezzo fra due settimane?

LEZIONE 2

Completate.

	c'è	la Giostra del Saracino.
Ad Arezzo	_____	una discoteca.
	_____	molti locali carini.

15 ESERCIZIO

Conoscete l'Italia? Formate delle frasi con *c'è* o *ci sono*.

	Roma		la Torre pendente.
	Pisa		il Palio.
In	Verona	c'è	i nuraghi.
A	Firenze		il Lago Trasimeno.
	Siena	ci sono	gli Uffizi.
	Sardegna		i Musei Vaticani.
	Venezia		l'Arena.
	Umbria		la Biennale.
	………		………

16 E ADESSO TOCCA A VOI!

Siete in vacanza. Scrivete una cartolina ad amici italiani.

Venezia / Regata storica

Siena / il Palio

DETTATO

_____ , ma ____ _____ è questo Bellini?

▲ Mah, il Bellini ___ ___ _____ a base di prosecco e succo di pesca.

Mm...

▲ È buono. Vuoi assaggiare?

___, _____.

▲ Allora, ti piace il Bellini?

Mmm, non è _____. Un po' _____ però.

A quest'ora ... _____ , ma che ore sono?

▲ Eh, sono ____ 11 e un quarto.

Oh, ____ 11 e un quarto! Tra un po' devo andare.

A mezzogiorno ho un appuntamento _____ _____ _____.

▲ A mezzogiorno ... E _____ l'appuntamento?

A Piazza Venezia.

▲ E va _____ , dai, ____ ancora tempo ...

Ma ____ , hai ragione.

Completate.

Ti	_____ il Bellini?	Sì, è buon__.	
	piace la birra?	Sì, è buona.	No, non mi piace.
Le	piacciono i salatini?	Sì, sono buoni.	
	piacciono le noccioline?	Sì, sono buone.	No, non mi _____ .

ESERCIZIO

Scoprite i gusti del vostro vicino di banco.

▷ Ti/Le piace/piacciono ...?

aranciata tonno
tè caffè
coca cola gelato
mozzarella prosecco
salame funghi
cappuccino spinaci prosciutto
patatine

LEZIONE 2

(19)   CHE ORE SONO?

Sono le due.

Sono le tre e dieci.

Sono le quattro e quindici.
(le quattro e un quarto)

Sono le cinque e trenta.
(le cinque e mezzo / mezza)

Sono le sei e quaranta.
(le sette meno venti)

Sono le sette e quarantacinque.
(le otto meno un quarto)
(le sette e tre quarti)

Sono le nove e cinquantacinque.
(le dieci meno cinque)

È l'una.

Attenzione!

È mezzogiorno.
È mezzanotte.

Completate.

___ mezzogiorno
All'una
Alle due   ho un appuntamento con un collega.

20   **ESERCIZIO**

> ☐ Senti, che ore sono?
> ○ Eh, *sono le 11 e mezza*.
> ☐ Oh, *le 11 e mezza!* Tra un po' devo andare.
>   *A mezzogiorno* ho un appuntamento con *un collega*.

Secondo il modello domandate l'ora a un altro studente.
Attenzione, mezz'ora dopo avete un appuntamento con ...

- **a.** un collega
- **b.** una collega
- **c.** un amico
- **d.** un'amica
- **e.** un conoscente
- **f.** una conoscente

21   **E ADESSO TOCCA A VOI!**

A Sono le 18.10. Lei è in un bar con B e sta bevendo uno dei seguenti aperitivi. Risponda alle domande di B.

B Lei è in un bar con A che beve un aperitivo che Lei non conosce. Chieda cos'è. Alle 18.45 Lei ha un appuntamento, ma non ha l'orologio. Chieda l'ora ad A.

Negroni – Campari, Martini e gin
Americano – Campari e Martini
Rossini – succo di fragole e prosecco
Cuba libre – coca cola e rum

LEZIONE 3

Ho una camera prenotata

① PER INIZIARE

Quale sistemazione preferite per una vacanza di una settimana?

Campeggio La Pineta
Una soluzione economica per chi ha bambini e ama la vita all'aria aperta.

Hotel Leon Bianco
A S. Gimignano per una vacanza all'insegna dell'arte e del buon vino toscano.

Hotel Terme Miramonti
Tranquillità, benessere e salute in un ambiente elegante.

Azienda agrituristica Le casette
La quiete della campagna e una cucina genuina.

ASCOLTO

Un signore va in albergo e parla con la receptionist.

I Ascoltate almeno tre volte il dialogo e alla fine di ogni ascolto confrontate quanto avete capito con un compagno diverso.

II Segnate con una crocetta le informazioni esatte.

	Portineria	Televisore in camera	Doccia
	Bagno	Telefono	Sveglia
	Forme di pagamento	Frigo-bar	Aria condizionata

a. La camera del signor Guerrini è una
- doppia. ☐
- singola. ☐
- matrimoniale. ☐

b. Lui desidera una camera
- grande. ☐
- luminosa. ☐
- silenziosa. ☐

c. Il signor Guerrini dà alla receptionist
- il passaporto. ☐
- la carta d'identità. ☐
- la patente. ☐

d. Per il pranzo
- deve prenotare. ☐
- non deve prenotare. ☐

e. Il signor Guerrini
- ha una valigia. ☐
- non ha bagagli. ☐

f. L'albergo
- ha il garage. ☐
- non ha il garage. ☐

LEZIONE 3

DIALOGO

■ Buongiorno.
● Senta, ho una camera prenotata. Mi chiamo Guerrini.
■ Guerrini?
● Sì.
■ Attenda un momento. Sì, una stanza singola per quattro giorni.
● Esattamente. Per quattro giorni.
■ Allora Le do la chiave ... Ecco la chiave ... La stanza è la numero 45.
● Oh senta, la stanza è silenziosa, vero?
■ Sì, sì, dà sul cortile interno.
● Ah, ecco, bene!

ESERCIZIO

Con un compagno ripetete il dialogo fino a *Esattamente. Per quattro giorni.* con le seguenti variazioni.

nome	camere	periodo
Mariani	una camera a tre letti	una settimana
Rossati	una matrimoniale	una notte
Giorgi	due doppie	tre giorni
Stefani	due singole	due notti
Bassani	una doppia	sei giorni

Completate.

	silenziosa		dà ____ cortile interno.	(su + il)
	tranquilla		è **all'**ultimo piano.	(a + l')
La camera è		perché		
	rumorosa		dà **sulla** strada.	(su + la)
			è ____ primo piano.	(a + il)

5 ESERCIZIO

Fate le domande e rispondete secondo il modello.

> ☐ La camera è silenziosa, vero?
> ○ Sì, sì, dà/è ...

ultimo piano

cortile

parco

giardino

6 DIALOGO

● Ancora una domanda. La cena a che ora è?
■ La cena? ... Dunque ... dalle 19.30 alle 21.30.
● Benissimo. E la colazione?
■ Dalle 7.00 fino alle 9.00.
● Senta, eventualmente è possibile fare colazione in camera?
■ Certo.

	la colazione?	_____ 7.00 (fino) _____ 9.00.
A che ora è	il pranzo?	_____ 11.00 a mezzogiorno. **Da** mezzogiorno **all'**una. **Dall'**una _____ due e mezza.
	la cena?	_____ 19.30 _____ 21.30.

35

LEZIONE 3

7 ESERCIZIO

Uno studente è il cliente e l'altro è il receptionist. Il cliente domanda a
che ora è possibile fare colazione, pranzare o cenare e il receptionist risponde.

COLAZIONE	PRANZO	CENA
7.30 – 9.30	12.00 – 13.30	19.30 – 21.00
7.30 – 10.00	12.30 – 14.00	20.00 – 22.00
8.00 – 10.30	12.15 – 13.45	20.30 – 22.30

8 ESERCIZIO

Fate le domande e rispondete secondo il modello.

□ È possibile … / Posso … / Potrei …?
▽ Sì, certo. / No, mi dispiace, non è possibile.

a. avere la sveglia domani mattina
b. prendere la mezza pensione 
c. fare un'interurbana dalla camera 
d. prendere la pensione completa 
e. portare un gatto in albergo 
f. avere ancora un asciugamano 
g. pagare con un assegno 
h. pagare anche con la carta di credito

9   **E ADESSO TOCCA A VOI!**

A Lei è in un albergo dove ha prenotato una camera. Alla reception si informi se questa ha i requisiti da Lei richiesti. Chieda tutte le informazioni che Le interessano (orari pasti, servizio sveglia, possibilità di pagamento, ecc.).

B Lei è il receptionist in un albergo e parla con un cliente. Risponda alle sue domande, gli dia la chiave della camera e gli chieda un documento.

10   **DETTATO**

● _____ , ____ ____ la macchina parcheggiata qui davanti …

■ ____.

● … Non so se dà fastidio …

■ ____ , _____ , non c'è problema, comunque se _____ ,

c'è anche ____ _____ dell' _____.

● Beh, no, adesso, sa, _____ un po' _____ ,

vorrei _____ _____ _____, comunque la macchina lì non disturba.

■ No, no, non si preoccupi! Assolutamente!

● Ho capito. _____ . Scusi, l'ascensore _____?

■ Guardi, è lì, _____.

● _____ , allora a più tardi.

■ Arrivederci.

Pensione "DUOMO"

Ostello della Gioventù

HOTEL AURORA

MotelAgip

Azienda agrituristica

ALBERGO del sole

LOCANDA «STELLA D'ORO»

LEZIONE 3

11 ESERCIZIO

Fate le domande secondo il modello.

> ascensore / lì
> △ Dov'è *l'ascensore*?
> □ *L'ascensore* è *lì* a destra.

a. la sala da pranzo / lì, a sinistra
b. il telefono / là in fondo
c. il bar / là, a destra
d. la scala / là in fondo
e. l'ascensore / là dietro

12 ESERCIZIO

Nei dialoghi appaiono le seguenti espressioni.
Come direste nella vostra lingua? Scrivetelo qui sotto.

non si preoccupi! esattamente ecco vero?

○ non si preoccupi! _____
○ esattamente _____
○ ecco _____
○ vero? _____

ESERCIZIO

13

Inserite adesso queste espressioni nei seguenti dialoghi.

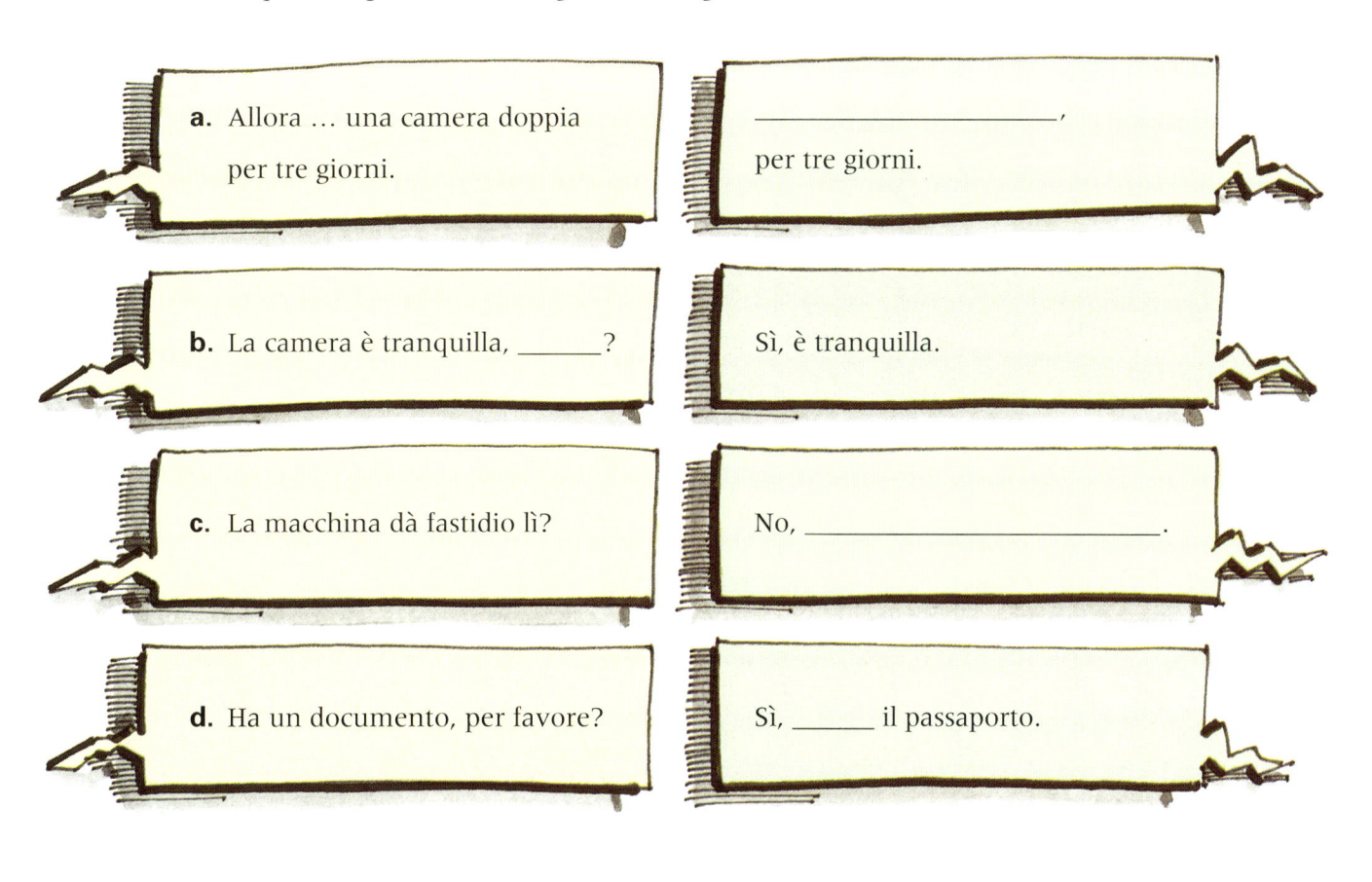

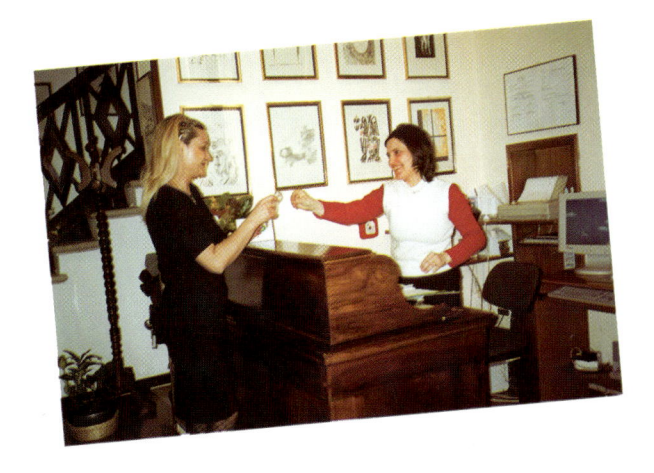

a. Allora ... una camera doppia per tre giorni.

_____, per tre giorni.

b. La camera è tranquilla, _____?

Sì, è tranquilla.

c. La macchina dà fastidio lì?

No, _____.

d. Ha un documento, per favore?

Sì, _____ il passaporto.

LEZIONE 3

(14) LETTURA

L'ITALIA DEL BUON ALBERGO

VILLA CLEMENTINA
00062 Bracciano (Roma), località Santo Celso, traversa Quarto del Lago 12. Telefono e fax 06/9.98.62.68. Sette camere doppie: da 128 a 200 euro compresa colazione. Corsi di acquarello: 50 euro al giorno. Aria condizionata, tivù, telefono in tutte le camere. Sala biliardo. Ristorante. Piscina, tennis, fitness, idromassagio, Giardino. Parcheggio. Carte di credito: tutte. Aperto da metà marzo ai primi di novembre.

CASTELLO DI SANTA VITTORIA
12069 Santa Vittoria d'Alba (Cuneo), Via Cagna 4. Tel. 0172/47.81.98; fax 0172/47.84.65. Numero verde Charme & Relax 800.36.63.53. Quaranta camere di cui due singole. Camera doppia con prima colazione 105 euro. Telefono, tivù e frigobar in tutte le camere. Bar, ristorante di cucina regionale. Piscina. Carte di credito: tutte. Chiuso a gennaio.

HOTEL CONCORDIA
23030 Livigno (Sondrio), Via Plan 22. Tel. 0342/99.03.00. 28 camere di cui 4 suites. Mezza pensione da 46,5 a 95 euro a persona. Telefono, tivù, minibar, cassaforte, fon in tutte le camere. Bar e ristorante aperti anche alla clientela esterna. Centro benessere e salute con massaggi fisioterapici e shiatsu, sauna, bagno turco, solarium, palestra e idromassaggi. Parcheggio, garage convenzionato. Bicicletta a disposizione dei clienti. Carte di credito: tutte. Aperto tutto l'anno.

Vero o falso?   v   f
a. Tutti gli alberghi hanno il garage.   ☐   ☐
b. Due alberghi sono aperti tutto l'anno.   ☐   ☐
c. Un solo albergo ha la sauna.   ☐   ☐
d. Tutti gli alberghi hanno la piscina.   ☐   ☐
e. In un albergo è possibile mangiare senza pernottare.   ☐   ☐

(15) E ADESSO TOCCA A VOI!

Di che cosa non volete fare a meno quando pernottate in albergo?
Segnatelo e confrontate poi con un compagno.

televisione ☐   aria condizionata ☐   frigobar ☐   telefono in camera ☐

cassaforte ☐   garage/parcheggio ☐   ascensore ☐   fon ☐

ESERCIZIO

Ascoltate il dialogo e completate.

Vorrei _____ _____ _____ dal 22 al 25 aprile. ___ _____ ?

Un momento. Sì, _____.

Bene. Quanto viene ____ _____ ?

125 euro compresa ___ _____

_____, va bene. D'accordo.

E il suo nome, per favore?

Lechner.

_____, scusi?

Lechner, elle – e – ci – acca – enne e – erre

l'alfabeto

A		**G**	gi	**M**	emme	**S**	esse	**Y*** ipsilon
B	bi	**H**	acca	**N**	enne	**T**	ti	**Z** zeta
C	ci	**I**		**O**		**U**		
D	di	**J***	i lunga	**P**	pi	**V**	vi/vu	
E		**K***	kappa	**Q**	cu	**W***	doppia vu	
F	effe	**L**	elle	**R**	erre	**X***	ics	

* Queste lettere non fanno parte dell'alfabeto italiano.

41

LEZIONE 3

(17) **E ADESSO TOCCA A VOI!**

Formate delle coppie. Uno di voi telefona a un albergo per fare una prenotazione e l'altro è il receptionist.

(18) **LETTURA**

```
Livia Parenti
Viale Europa, 45
00169 Roma
Tel. 06-7518815
```
Roma, 15/9/2002

Spett. Residence Genzianella,

confermo la prenotazione telefonica di un appartamento per quattro persone dal 20 al 28 dicembre. Vi prego di riservarmi un appartamento con televisore ed anche un posto macchina. La mia carta di credito è una VISA n° 4924 1654 0526 5284 valida fino al 10/2005.
Cordiali saluti.

Livia Parenti

```
Stefania Borletti
Piazza Gioberti, 23
36061 Bassano del Grappa
Tel. 0424-34769
```

Spett. Hotel Principe Belmonte,   10/10/2002

confermo come da telefonata la prenotazione di una camera matrimoniale con lettino aggiunto dal 30 ottobre al 2 novembre. La mia carta di credito è una Mastercard 3842 5708 4916 8093 valida fino al mese di maggio 2004.
Cordiali saluti

Stefania Borletti

Relilax

Per contattarci ...

Arrivare a Montegrotto

Hotel Terme Miramonti
I - 35036 Montegrotto Terme (PD)
Tel. 049 8911755
Fax 049 8911678
info@relilax.com

Nome:	Giacomo	**Cognome:**	Del Bosco
Indirizzo:	Via Marghera	**Città:**	Roma
N.:	27	**Cap:**	00185
Telefono:	06 - 44679234	**Fax:**	
E-mail:	Giabo@tin.it		
Messaggio:	Vorrei prenotare una camera singola dal 26 febbraio al 10 marzo con servizio di mezza pensione. Desidererei una camera possibilmente all'ultimo piano e dalla parte del parco. In attesa di una Vs. conferma invio distinti saluti. Giacomo del Bosco		

Rispondete alle seguenti domande.

    a. Chi va in albergo da solo?
    b. Chi desidera mangiare in albergo?
    c. Chi va in albergo con un bambino?
    d. Chi vuole una camera tranquilla?

(19)   **E ADESSO TOCCA A VOI!**

Inviate una e-mail o un fax a uno degli alberghi a pagina 40 per prenotare una vacanza di alcuni giorni.

LEZIONE 4

Senta, scusi!

1 PER INIZIARE

a. Siete a Roma e avete solo una mattina libera. Quale di questi musei visitate?
b. Che museo nella vostra città consigliate a un turista che ha solo una mattina libera?

MUSEO E GALLERIA BORGHESE

L'elegante palazzina, situata nella Villa Borghese e realizzata tra il 1613 e il 1614, è un tipico esempio di villa di una grande famiglia romana degli inizi del XVII secolo. Il Museo ospita, tra le altre, opere di Raffaello, Antonio Canova, Pietro e Gian Lorenzo Bernini, Giulio Romano.

Indirizzo: Piazza S. Borghese, 5 – 00197 Roma tel. 06/32810
ORARI: Aperto tutti i giorni dalle 9.00 alle 19.00.
È obbligatoria la prenotazione. Chiuso lunedì.
BIGLIETTI: Intero € 6. Ridotto € 4.
SERVIZI: Guide acustiche, Guardaroba, Sala Conferenze e Multimediale, Toilettes, Laboratorio Didattico, Bookshop, Accesso disabili, Visite guidate, Bar Ristorante.
BUS LINEE: 53, 52, 116, 910
Taxi: Largo Benedetto Marcello

GALLERIA NAZIONALE D'ARTE MODERNA E CONTEMPORANEA

L'edificio, costruito dall'architetto Cesare Bazzani per l'Esposizione Universale del 1911, ospita opere di Balla, Morandi, Pirandello, Carrà, De Chirico, De Pisis, Guttuso, Fontana, Burri e di molti altri artisti.

Indirizzo: Via delle Belle Arti 131
ORARI: Aperto tutti i giorni ore 8.30-19.30, sabato dalle ore 9.00 alle 23.00. Ingresso consentito fino a 40 minuti prima della chiusura. Metà prezzo per i visitatori della prima e dell'ultima ora. Chiuso lunedì.
BIGLIETTI: Intero € 6. Ridotto per studenti tra i 18 e i 25 anni € 3.
Credit Cards: Visa, America Express, Bancomat.
SERVIZI: Biblioteca, Caffetteria, Ristorante presso il "Caffè delle Arti", Bookshop, Accesso disabili, Visite guidate, Toilettes.
BUS: 225, 628, 926. Tram: 3

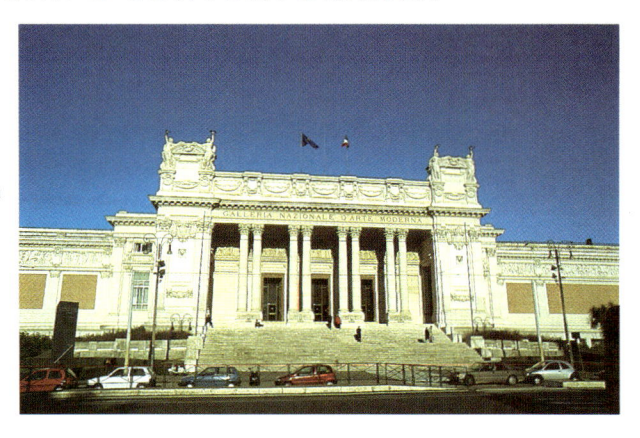

MUSEO NAZIONALE DI CASTEL SANT'ANGELO

Costruito dall'imperatore Adriano (117-138), come mausoleo per sé e per suoi successori. All'interno è possibile vedere collezioni d'armi, dipinti, sculture e memorie della storia del castello.

Indirizzo: Lungotevere Castello 50 – 00100 Roma
Tel. 06 33967600
ORARI: Aperto tutti i giorni dalle 9.00 alle 20.00. La biglietteria chiude alle ore 19.00. Chiuso lunedì.
BIGLIETTI: Intero € 5. Ridotto per giovani tra i 18 e i 25 anni € 2,50. Gratuito sotto i 18 e sopra i 65 anni.
SERVIZI: Visite guidate, Audioguide, Bookshop, Accesso per disabili, Toilettes
BUS LINEE: 80, 87, 280, 492. Taxi: Piazza P. Paoli, tel. 06 6865333

ASCOLTO

A Roma una turista chiede informazioni per arrivare a Piazza Capo di Ferro.

I Ascoltate almeno tre volte il dialogo e alla fine di ogni ascolto confrontate quanto avete capito con un compagno diverso.

II Segnate con una crocetta le informazioni esatte.

a. Per andare a Piazza Capo di Ferro la signora deve prendere
- l'autobus. ☐
- il tram. ☐
- la metropolitana. ☐

b. Quale di queste due piazze è Piazza Farnese e quale Campo de' Fiori?

c. Normalmente i musei sono aperti
- tutto il giorno. ☐
- fino alle 12.30. ☐
- fino all'una. ☐

d. Oggi è
- lunedì. ☐
- martedì. ☐
- mercoledì. ☐
- giovedì. ☐
- venerdì. ☐
- sabato. ☐
- domenica. ☐

e. La turista non può visitare la galleria Spada perché
- è in restauro. ☐
- è chiusa per ferie. ☐
- oggi i musei sono chiusi. ☐

45

LEZIONE 4

③ DIALOGO

- Signora?
- Sì.
- Permette una domanda?
- Prego, dica!
- Mi può dire dov'è Piazza Capo di Ferro?
- Piazza Capo di Ferro? No, mi dispiace, non lo so perché non sono di qui. Ma guardi, lì c'è un vigile, chieda a lui, lo sa senz'altro.
- Ah, La ringrazio.
- Prego, non c'è di che.
- Buongiorno.

④ ESERCIZIO

Nel dialogo appaiono le seguenti espressioni. Come direste nella vostra lingua? Scrivetelo qui sotto.

○ Permette una domanda? _____
○ Prego, dica! _____
○ Mi dispiace. _____
○ La ringrazio. _____
○ Prego, non c'è di che. _____

Mi può dire	_____	Piazza Capo di Ferro? Via Condotti? il Colosseo?
	dove sono	___ Musei Vaticani?

46

5 ESERCIZIO

Siete a Roma. Ripetete il dialogo. Sostituite
Piazza Capo di Ferro/vigile con i seguenti elementi.

a. Palazzo delle Esposizioni
b. Teatro Sistina
c. Zoo
d. Via Condotti   benzinaio
e. Terme di Caracalla   giornalaio
f. Studi di Canale 5   tabaccaio
g. Opera   poliziotto
h. Piazza di Spagna
i. Galleria Doria Pamphili
j. Musei Vaticani

6 DIALOGO

a. La turista si rivolge al vigile. Provate a completare il dialogo e confrontate poi con un compagno quanto avete scritto.

b. Adesso ascoltate il dialogo e completatelo.

■ _____

▲ Buongiorno, mi dica!

■ _____
_____

▲ Piazza Capo di Ferro. Sì, senta, ma Lei è a piedi?

■ _____

▲ Beh, è un po' lontano. Comunque, ci può andare in autobus, c'è il 64 che passa qui vicino.

■ _____

▲ Guardi, lì c'è la fermata, vede? Accanto all'edicola.

■ _____
_____

▲ Dunque, deve scendere alla terza fermata.

■ _____

▲ Buongiorno, mi dica!

■ _____
_____

▲ Piazza Capo di Ferro. Sì, senta, ma Lei è a piedi?

■ _____

▲ Beh, è un po' lontano. Comunque, ci può andare in autobus, c'è il 64 che passa qui vicino.

■ _____

▲ Guardi, lì c'è la fermata, vede? Accanto all'edicola.

■ _____
_____

▲ Dunque, deve scendere alla terza fermata.

LEZIONE 4

Completate.

| La fermata è | accanto
davanti
di fronte | _____ edicola.
al cinema.
alla trattoria. |

Scusi, dove sono i giardini pubblici?

Sono lì, accanto al ponte.

⑦ ESERCIZIO

Fate le domande e rispondete secondo il modello. Cercate:

a. il cinema Rex
b. l'ufficio postale
c. il distributore Shell
d. la chiesa di S. Giacomo
e. la scuola media
f. ....

48

8 E ADESSO TOCCA A VOI!

A Nella Sua città un/-a turista italiano/-a Le chiede delle informazioni. Risponda alle sue domande.

B Lei è un/-a turista italiano/-a. Si trova in una città straniera e vorrebbe visitare qualcosa di interessante (un monumento, una chiesa, un museo ecc.). Chieda a un passante come arrivarci.

9 DETTATO

▲ ___ _____ ____ _____ _____ e poi ___ ____ pochino avanti e sulla destra ____ _____ _____ …

■ ___ .

▲ … la segue e arriva a ____ _____, ___ _____ Campo de' Fiori, e la riconosce _____ ___ ___ mercato.

■ Bene …

▲ La attraversa e arriva a _____ _____ _____ , Piazza Farnese. ___ ____ bella _____ ___ ___ palazzo ___ _____ fontane. _____ arriva in fondo alla _____ , e a sinistra ____ ___ _____ . ___ _____ _____ a Palazzo Spada?

■ ___ , ___ .

▲ _____ ___ _____ _____ _____ e arriva a Piazza Capo di Ferro. Palazzo Spada è lì, lo vede.

Completate.

Sulla destra c'è una *strada*, ____ segue e arriva ad una piazza.
Palazzo Spada è lì, ____ vede subito.
A sinistra ci sono due *fontane*, **le** vede subito.
I *Musei* Vaticani sono lì, **li** vede subito.

49

LEZIONE 4

10 ESERCIZIO

Completate le frasi con *lo, la, li, le*.

a. Vede quella strada? Lei ____ segue fino alla piazza e lì c'è la stazione.

b. Ecco l'autobus. Lei ____ prende e scende alla terza fermata.

c. I giardini pubblici sono in fondo alla strada, ____ vede subito.

d. Lei segue questa strada e arriva alle Catacombe di S. Callisto, ____ vede subito.

e. Lei arriva al ponte, ____ attraversa e poi va ancora avanti.

11 ASCOLTO

I Guardate questi disegni:

andare dritto    incrocio    traversa    angolo

girare a sinistra   girare a destra

semaforo

II Ascoltate più volte il messaggio che Luigi lascia sulla segreteria telefonica di Marina.

III Questo è il quartiere dove abita Luigi. Segnate sulla piantina i nomi delle strade e accompagnate Marina a casa di Luigi.

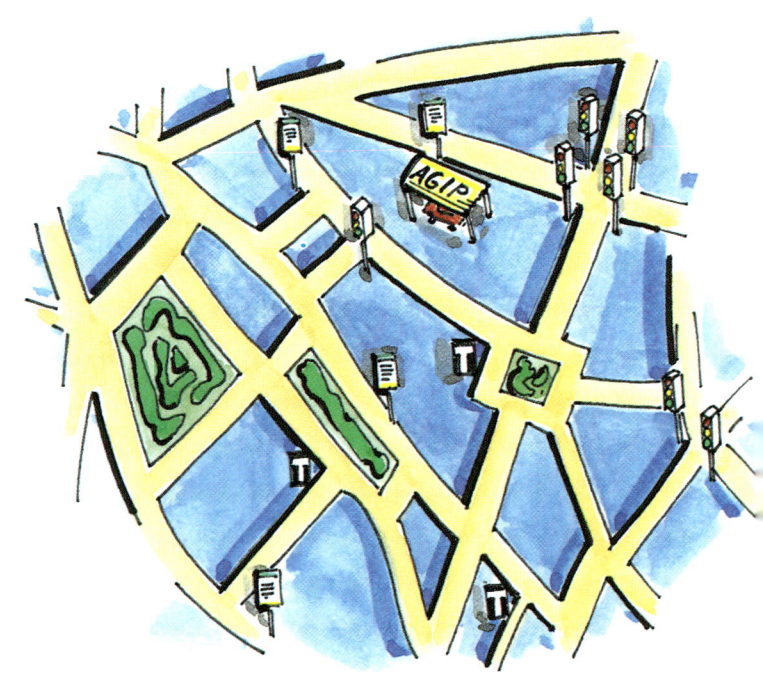

12 ESERCIZIO

Completate la mail di Luigi, poi confrontate con un compagno.
Per verificare ascoltate ancora una volta il messaggio.

Cara Marina,

purtroppo per dopodomani ci sono novità: ho una riunione di lavoro e non posso venire alla stazione. Arrivare a casa mia comunque non è difficile se segui queste indicazioni. Davanti alla stazione c'è il capolinea degli _____ . Per venire a casa mia devi prendere _____ e scendere alla _____ fermata, che è in Viale Michelangelo proprio _____ un distributore Agip. Dalla fermata vai fino a un grande _____ e al semaforo giri _____ , continui _____ , attraversi piazza Tirso, e poi vai ancora _____ e alla prima _____ , che è via Dante, giri a _____ . Dopo pochi metri sulla _____ c'è una piccola strada, via Po, e io abito lì all'angolo, al numero 2. Lì c'è pure un tabaccaio e io domani lascio le chiavi a lui. L'appartamento è al _____ piano, proprio davanti all' _____ .
Io esco dall'ufficio verso le _____ e vengo subito a casa, penso di arrivare verso _____ e mezza o le _____ . Se ci sono problemi, puoi telefonarmi ancora stasera a casa o domani in ufficio.

A presto allora! Buon viaggio!
Ciao! Luigi

13 ESERCIZIO

Immaginate di abitare in una delle strade segnate sulla piantina. Spiegate come fare ad arrivare dalla fermata davanti al distributore Agip a casa vostra.

14 E ADESSO TOCCA A VOI!

1. Dite ad un compagno di corso come arrivare dalla scuola a casa vostra. Spiegate:
   a. che mezzi pubblici deve prendere,
   b. dove deve scendere,
   c. che strada deve fare dalla fermata a casa vostra.

2. Scrivete ad un amico come arrivare:
   a. in una casa dove passate le vacanze.
   b. in un albergo / ristorante che consigliate.

LEZIONE 4

(15)   **LETTURA**

A quali frasi del testo corrispondono queste foto?

In Italia è così

In Italia i negozi e gli esercizi pubblici non hanno un orario di apertura uguale in tutte le città. In ogni comune infatti è il sindaco che decide, e gli orari quindi possono variare da città a città, anche nella stessa regione.

Di solito nei giorni feriali i negozi sono aperti la mattina dalle 9.00 circa alle 12.30 e il pomeriggio dalle 15.30 alle 19.30. Nelle grandi città alcuni grandi magazzini, diversi supermercati e tutti gli ipermercati hanno l'orario continuato, cioè sono aperti tutto il giorno. Durante la settimana i negozi sono chiusi per mezza giornata, in genere il lunedì mattina, mentre per gli alimentari la mezza giornata di chiusura varia da città a città. Al mare, in montagna o in altre località turistiche in alta stagione a volte i negozi sono aperti per alcune ore anche la domenica o nei giorni festivi.

Le banche la mattina sono aperte dalle 8.30 alle 13.30 ed anche il pomeriggio per un'ora circa.

L'orario di apertura degli uffici postali va normalmente dalle 8.30 alle 19.00 e il sabato fino alle 13.00.

Le farmacie seguono di solito l'orario dei negozi. Quelle di turno naturalmente sono aperte anche di notte e nei giorni festivi. Anche le edicole seguono l'orario normale dei negozi, e inoltre aprono anche la domenica mattina perché quasi tutti i giornali in Italia escono ogni giorno.

Tutti i bar e i ristoranti hanno a turno un giorno di riposo. I distributori chiudono all'ora di pranzo e restano chiusi spesso anche la domenica. Ovviamente questo non succede in autostrada, dove le stazioni di servizio sono aperte 24 ore su 24.

Completate in base alla lettura.

a. Non chiudono all'ora di pranzo: _____
b. Aprono sempre, anche la domenica: _____
c. Ogni settimana sono chiusi per un giorno: _____
d. Ogni settimana sono chiusi per mezza giornata: _____
e. Il pomeriggio aprono solo per un'ora: _____

Completate.

L'orario degli uffici postali va normal_____ dalle 8.00 alle 14.00.
Le edicole seguono l'orario normal___ dei negozi.

16 ESERCIZIO

Completate le frasi con l'avverbio o con l'aggettivo.

a. ☐ Vorrei una birra, ma molto fredd_____, per favore!
   ☐ Mario mi saluta sempre fredd_____.

b. ☐ La camera è silenzios_____ perché dà sul parco.
   ☐ Se arrivate tardi, entrate silenzios_____.

c. ☐ Vorrei una camera possibil_____ tranquilla.
   ☐ È possibil_____ fare colazione già alle 6.30?

d. ☐ Abito in una città molto tranquill_____.
   ☐ L'esame è fra tre settimane: posso studiare tranquill_____.

17 E ADESSO TOCCA A VOI!

A Lei lavora all'Ufficio del Turismo della Sua città. Risponda alle domande di un/-a turista italiano/-a.

B Lei è un/-a turista italiano/-a. Si informi, presso l'Ufficio del Turismo, su orari di apertura di negozi, locali e altri esercizi pubblici della città che sta visitando.

LEZIONE 5

Ho saputo che hai fatto un viaggio

1 **PER INIZIARE**

Guardate la pubblicità di queste regioni. Quale vi piacerebbe visitare? Perché? Conoscete altre regioni italiane? Sapete che cosa c'è da vedere?

Puglia Viaggio romantico nel passato fra trulli e borghi medioevali

Liguria Portofino: i colori e i profumi della natura in un antico borgo di mare

Sardegna Natura incontaminata, splendido mare e zone interne ricche di misteri archeologici.

Piemonte Alba: patria dei tartufi e del famoso Barbera

ASCOLTO

Maria parla a un amico di un viaggio in Puglia.

I Ascoltate almeno tre volte il dialogo e alla fine di ogni ascolto confrontate quanto avete capito con un compagno diverso.

II Completate il questionario.

a. Guardate la cartina. Quali di questi posti hanno visitato Maria e Riccardo?

b. Maria e Riccardo hanno girato
- in macchina. ☐
- in autobus. ☐
- in treno. ☐

c. Ad Alberobello hanno dormito nel trullo
- dei genitori ☐
- dello zio ☐ di Chiara.
- del cugino ☐

d. Al Gargano
- sono stati in un villaggio turistico. ☐
- sono stati in campeggio. ☐
- hanno affittato un appartamentino. ☐

e. Da Bologna sono tornati a Milano
- in treno. ☐
- in macchina. ☐
- in autobus. ☐

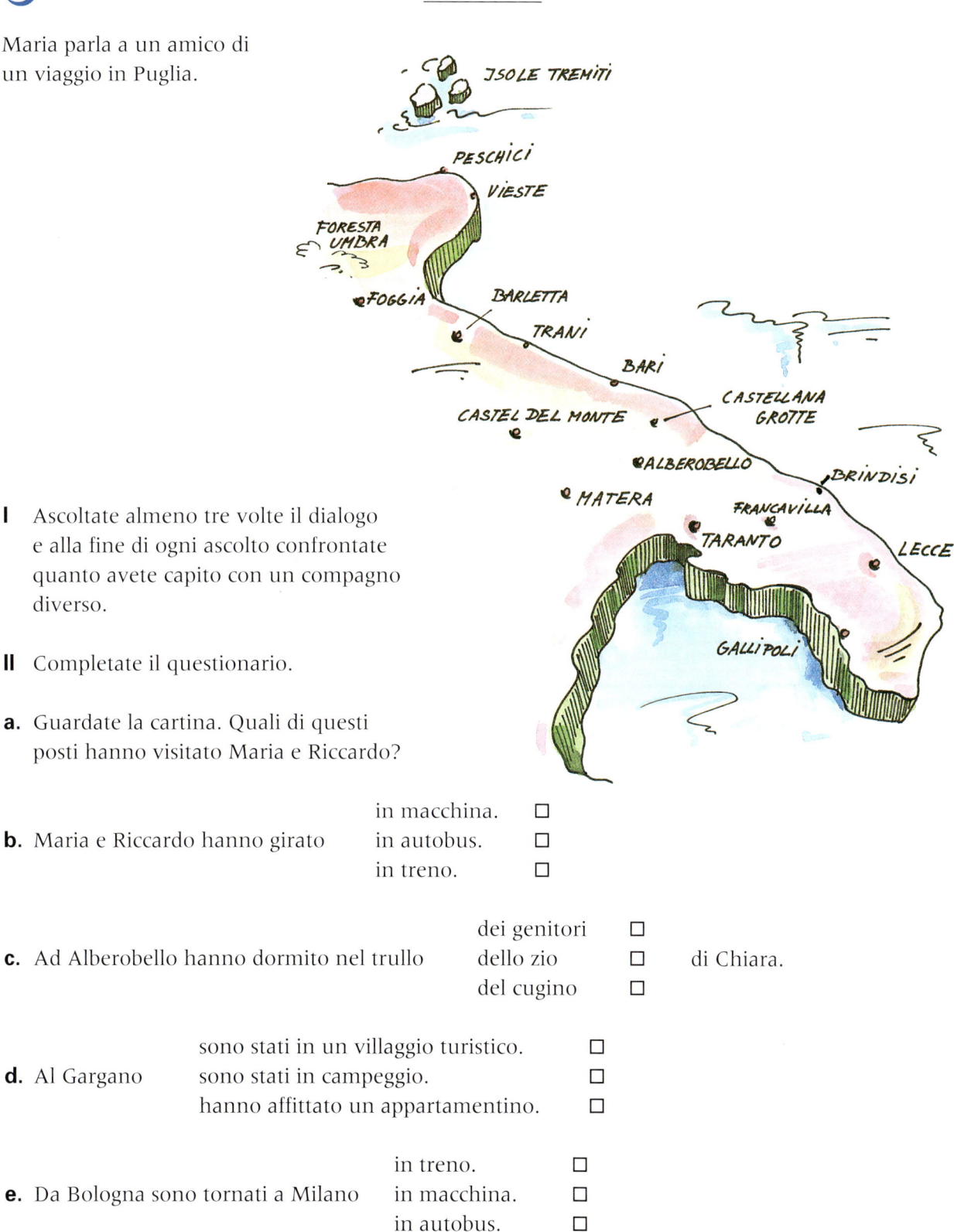

LEZIONE 5

③ DIALOGO

- E a proposito, ho saputo che hai fatto un bel viaggio...
- Sì, sì.
- ... che sei stata ancora una volta in giro per l'Italia.
- Sì, questa volta sono stata in Puglia.
- Ah, e sei andata in macchina? Perché è un viaggio abbastanza lungo ...
- No, no, ho preso l'aereo.
- Ah, be'. E sei partita da Milano?
- No, da Bologna. Perché ho trovato un volo per Bari a un prezzo speciale.

Completate.

infinito	passato prossimo
trov**are**	*ho* trov_____
sap**ere**	____ sap_____
part**ire**	*sei* part_____
prendere	____ preso
fare	____ _____
essere	____ _____

④ ESERCIZIO

Fate dei dialoghi secondo il modello.

> fare un bel viaggio – stare in Puglia
>
> ○ Ho saputo che *hai fatto un bel viaggio.*
>
> △ Sì, *sono stato/stata in Puglia.*

essere in Italia · frequentare un corso d'italiano
fare un viaggio · andare alle Maldive
cambiare macchina · comprare una Fiat
andare a Parigi · andare a trovare un amico
stare male · avere l'influenza
trovare casa · prendere un appartamento in centro
partire in autostop · arrivare fino a Capo Nord
restare a casa ieri sera · guardare la partita alla TV
stare in montagna · ritornare ieri sera

5 DETTATO

- ■ E _____ siete _____ di bello?
- ● Mah, prima _____ _____ alle Grotte di Castellana. ___ _____?
- ■ No, ho visto delle foto, ma non ci sono mai stato.
- ● E dopo _____ _____ ad Alberobello e lì _____ dormito in un trullo.
- ■ _____ addirittura affittato un trullo?
- ● No, no, _____ _____ nel trullo dello zio di Chiara, l' _____ __ _____.
- ■ Ah, _____, perché costa un bel po', costa un occhio della testa, m´hanno detto, affittare un trullo.
- ● No, noi come ospiti non _____ pagato nulla.

Completate.

Ho visto _____ foto.

6 ESERCIZIO

Intervistate un compagno secondo il modello. Combinate verbi e sostantivi.

□ In vacanza *hai/ha visto dei posti interessanti*?
△ Si ho visto … / No, purtroppo no.

conoscere   comprare
    visitare
            vedere   fare
praticare
        avere

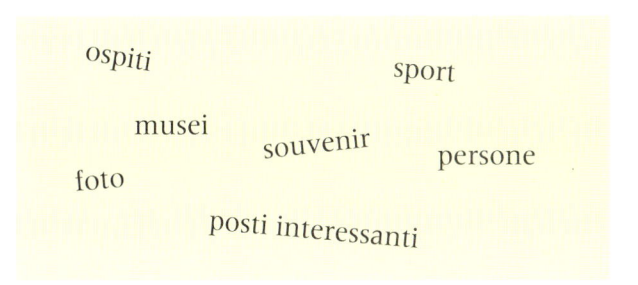

        ospiti   sport
    musei
            souvenir   persone
foto
        posti interessanti

57

LEZIONE 5

7 ESERCIZIO

Fate dei dialoghi secondo il modello.

> andare alle Grotte di Castellana
>
> ☐ Che cosa avete fatto di bello?
> △ *Siamo andati alle Grotte di Castellana. Le conosci?*
> ☐ Sì. / No, non ci sono mai stato/-a.

a. visitare il Parco dei mostri di Bomarzo
b. andare ai Campi Flegrei
c. vedere il lago di Nemi
d. visitare il Castello di San Leo
e. essere alle Balze di Volterra
f. vedere la Villa del Casale

8 ESERCIZIO

Fate dei dialoghi secondo il modello.

> voi – pagare molto
>
> ☐ Avete pagato molto ?
> △ No, *non abbiamo pagato nulla/niente.*

a. tu – pagare molto
b. voi – sentire qualcosa
c. loro – mangiare molto
d. Lei – notare qualcosa
e. lui – vedere qualcosa
f. lei – comprare qualcosa
g. voi – capire qualcosa

9 E ADESSO TOCCA A VOI!

Intervistate un compagno. Domandategli dove è stato in vacanza l'ultima volta, come c'è andato, che cosa ha visto, che cosa ha fatto.

(10)   **LETTURA**

Non è mai troppo tardi

Le occasioni dell'ultimo minuto.

Per chi ha la valigia pronta, ma non ha ancora deciso.

Non avete ancora pensato dove andare in ferie? Non siete i soli: la tendenza a prenotare all'ultimo minuto ha ormai contagiato gli italiani che in questi giorni affollano agenzie di viaggio o cercano su Internet offerte speciali, sconti e alberghi. Trovare posto è ancora possibile, basta scegliere la meta giusta. In Italia, per esempio, le spiagge di Puglia, Calabria, Lazio e Sicilia sono pronte ad accogliere i ritardatari. Se preferite la montagna, andate in Austria: in Tirolo oppure in Carinzia.

Puglia – Nella città bianca

Visitare le grotte di Castellana, entrare in un trullo, portare i bambini allo Zoosafari, un parco dove si possono vedere i gorilla, i leoni e gli ippopotami, proprio come in Africa. È quello che offre Ostuni, una cittadina a nord di Brindisi, situata su tre colline di fronte a un mare incantevole, dove si arriva in pochi minuti. Senza dimenticare sole e spiagge. La marina, ai piedi della città vecchia, offre infatti 11 spiagge lungo un litorale di circa 20 chilometri. Qui c'è il villaggio Valtur Ostuni (info in Internet www.valtur.com): tanti bungalow in mezzo alla pineta con la possibilità di giocare a tennis, praticare il tiro con l'arco, la vela, il golf e la canoa.

Austria – Una vacanza verde

È la moda del momento, la vera tendenza dell'estate: in Tirolo e in Carinzia ci sono luoghi dove c'è ancora posto a prezzi decisamente economici. Le due regioni austriache offrono, agli amanti della montagna e delle vacanze verdi, soggiorni in fattoria dove si può gustare il pane appena sfornato, vedere dove si fa il formaggio o fare i bagni di fieno.

Rispondete alle domande.

a. Quale tendenza ha contagiato gli italiani?
b. Cosa può fare una famiglia con bambini a Ostuni?
c. Che cosa si può fare al Club Valtur?
d. Per chi può essere interessante una vacanza in Tirolo o in Carinzia?

Completate.

> Da Ostuni si _____ al mare in pochi minuti.
>
> Allo Zoosafari si _____ vedere i leoni.
>
> In fattoria si _____ gustare il pane.

59

LEZIONE 5

(11) ESERCIZIO

Completate le frasi con i seguenti verbi.

arrivare – fare – fare – pagare – potere – potere – trovare

a. Su Internet spesso si _____ offerte speciali per andare in vacanza.
b. Allo Zoosafari di Ostuni si _____ vedere gli ippopotami.
c. Dalla città vecchia di Ostuni si _____ al mare in pochi minuti.
d. Al villaggio Valtur si _____ tanti sport.
e. In alcune fattorie del Tirolo si _____ vedere come si _____ il formaggio.
d. Per dormire in fattoria non si _____ molto.

(12) E ADESSO TOCCA A VOI!

Scrivete un piccolo testo sulla vostra città o sulla vostra regione.
Perché può essere interessante per un turista? Che cosa c'è da vedere?
Che cosa si può fare?

(13) DIALOGO

- ■ E le Tremiti?
- ● Alle Tremiti abbiamo fatto un'escursione di un giorno.
- ■ Eh sì, perché le Tremiti si vedono in un giorno.
- ● Sì, sì, infatti ...
- ■ E poi alla fine dopo questa settimana al Gargano siete tornati a Milano.
- ● Sì.
- ■ Ho capito. Insomma, bella vacanza.
- ● Sì, guarda, la Puglia mi è piaciuta tantissimo.

Completate.

> Il Gargano vi è piaciuto?
> La Puglia mi ____ piaciut__ tantissimo.
> I campeggi non ci sono piaciuti per niente.
> Le Tremiti ti sono piaciut___?

60

14 ESERCIZIO

Domandate con il verbo *piacere* e rispondete.

> ☐ Il viaggio ti è piaciuto?
> ○ Tantissimo. / Abbastanza. / Così, così. /
> No, per niente. / No, affatto.

a. Roma

b. Gli Stati Uniti

c. Le isole Eolie

d. La Toscana

e. Il Veneto

f. Gli Uffizi

g. I Musei Vaticani

h. La festa

i. Il film

j. Il libro

k. Le vacanze

LEZIONE 5

⑮ LETTURA

Viaggeria.it è un sito Internet dove gli utenti danno e ricevono consigli su mete turistiche. Leggete i testi e rispondete poi alle domande.

Fai da te
08/09/01 - (andreguz_2000@yahoo.it)
Ciao sono Andrea,
ho 26 anni e quasi tutte le vacanze che ho fatto sono rigorosamente FAI-DA-TE. Quest'anno sono stato in Grecia, ho girato in lungo e in largo l'isola di Rodi, più di 800 km in scooter!!! Ho scoperto angoli di mare incredibile e paesi di pescatori dove il turismo di massa non è ancora arrivato. Sono stato inoltre 3 volte negli Usa, in particolare ho attraversato tutta la California e la Florida, ho viaggiato in macchina e in pullman, sono stato a Las Vegas e New York ... e sono ancora qua sano come un pesce.
Le esperienze fai da te ti consentono di "vivere" al meglio il viaggio, poichè solo così scopri quei luoghi che tour operator e guide turistiche non ti fanno conoscere.

Viaggiare in libertà
11/09/01 - (asatti@olisan.it)
Ciao a tutti. Anch'io da quest'anno ho iniziato a viaggiare in libertà, ho cominciato però da un posto vicino e facile: la Croazia. Prima di partire ho consultato un sito molto utile www.croazia.it ed ho prenotato il traghetto con Internet. Tutto devo dire semplicissimo. Siamo andati in moto e abbiamo subito trovato da dormire in case carine, pulite ed economiche, la gente era molto gentile, quindi un bel viaggio.
Ora vorrei organizzarmi per qualcosa di più lontano, forse Amsterdam e poi gli Stati Uniti. Si accettano consigli, tanti consigli!!! E magari se conoscete qualche sito utile ...
Grazie. Angela

Proprio divertita
05/09/01 - (giulycost@tin.it)
Ciao a tutti,
voglio raccontarvi la mia splendida vacanza a Djerba, in Tunisia.
Abbiamo prenotato in un'agenzia e abbiamo scelto un villaggio a 2 stelle, lo Sangho Village, perchè siamo tutti ragazzi/e con voglia di spendere poco. Appena siamo arrivati abbiamo avuto la sorpresa di doverci pagare la cena, perchè era tardi ed il ristorante era chiuso. Ma, dopo la prima sera, siamo stati benissimo e alla fine ... ci è dispiaciuto andare via! Il villaggio è direttamente sul mare, attrezzato con lettini e ombrelloni. Inoltre una volta alla settimana si può assistere a uno spettacolo folcloristico. Abbiamo sentito anche commenti disperati di persone alloggiate in hotel 4 stelle: a volte risparmiare conviene!
Ciao. Giuliana

Splendida estate a Lefkada, Grecia
08/08/01 - (gianlu@tin.it)
Salve, sono Gianluca. Sono appena tornato da una splendida vacanza a Lefkada, una piccola isola a sud di Corfù, in Grecia, e lì ho trovato un mare pulito e azzurro. I prezzi sono più bassi che in Italia. Ho affittato un miniappartamento con cucina, bagno e aria condizionata ed ho speso pochissimo. Finalmente sono felice di aver passato una vacanza serena.

a. Chi ha prenotato un viaggio organizzato? _____
b. Chi ha fatto una prenotazione in Internet? _____
c. Chi chiede consigli ad altre persone? _____
d. Chi ha avuto un piccolo problema in vacanza? _____
e. Chi ha viaggiato da solo? _____

16 ESERCIZIO

Rileggete i testi e sottolineate i verbi al passato prossimo.
Dividete un foglio di quaderno in due parti. Scrivete su una colonna i verbi coniugati con l'ausiliare *essere* e sull'altra quelli con *avere*.

17 ESERCIZIO

a. Completate le domande usando per ciascuna uno dei seguenti verbi a scelta.

Dove _____ ?
Come _____ ?
Con chi _____ ?
Quanto _____ ?
Quanto tempo _____ ?
Che cosa _____ ?
Quando _____ ?

andare in vacanza
visitare
spendere
fare il viaggio
alloggiare
stare
restare
viaggiare
arrivare
ritornare
andare
vedere
pagare
prenotare
scoprire
partire

b. Formate ora delle coppie e a vicenda ponetevi le domande che avete preparato.

18 E ADESSO TOCCA A VOI!

a. Navigate anche voi in Internet? Se sì, quante ore alla settimana?
b. Avete anche voi dei consigli da inviare a viaggeria.it?
   Scrivete un breve resoconto di viaggio.

LEZIONE 6

Che cosa ci consiglia?

PER INIZIARE

Quali di questi piatti conoscete? Quali avete già mangiato in Italia o in un ristorante italiano?
Quali cucinate anche a casa? Parlatene con un compagno.

ANTIPASTI
- Prosciutto e melone ☐
- Insalata di mare ☐
- Crostini alla toscana ☐
- Bruschetta ☐

PRIMI PIATTI
- Maccheroni alla siciliana ☐
- Penne all'arrabbiata ☐
- Pasta e fagioli ☐
- Risotto ai funghi ☐
- Orecchiette alla pugliese ☐
- Gnocchi ☐
- Minestrone ☐

SECONDI PIATTI

PESCE
- Fritto misto ☐
- Sogliola panata o ai ferri ☐
- Baccalà alla veneta ☐
- Cozze alla marinara ☐
- Trota alla mugnaia ☐
- Trancia di pesce spada alla griglia ☐

CARNE
- Braciola di maiale ai ferri ☐
- Filetto di manzo ☐
- Ossobuco ☐
- Scaloppine al marsala ☐
- Scaloppine al limone ☐
- Arrosto di vitello al forno ☐
- Involtini ☐
- Fegato alla veneta ☐
- Pollo al mattone ☐
- Coniglio alla cacciatora ☐
- Trippa ☐

CONTORNI
- Insalata mista ☐
- Insalata di rucola ☐
- Fagiolini ☐
- Patate al forno ☐
- Carciofi alla giudia ☐
- Spinaci al burro ☐
- Peperonata ☐
- Funghi trifolati ☐

FRUTTA E DOLCE
- Frutta di stagione ☐
- Macedonia di frutta fresca ☐
- Torta della casa ☐
- Panna cotta ☐
- Crème Caramel ☐

ASCOLTO

Due amici vanno a mangiare in una trattoria dove hanno prenotato un tavolo.

I. Ascoltate più volte la registrazione e alla fine di ogni ascolto confrontate quanto avete capito con un compagno diverso.

II. Completate il questionario.

a. Guardate il menù della pagina accanto e indicate i piatti che il cameriere nomina.

b. Cosa prendono da mangiare i due clienti?

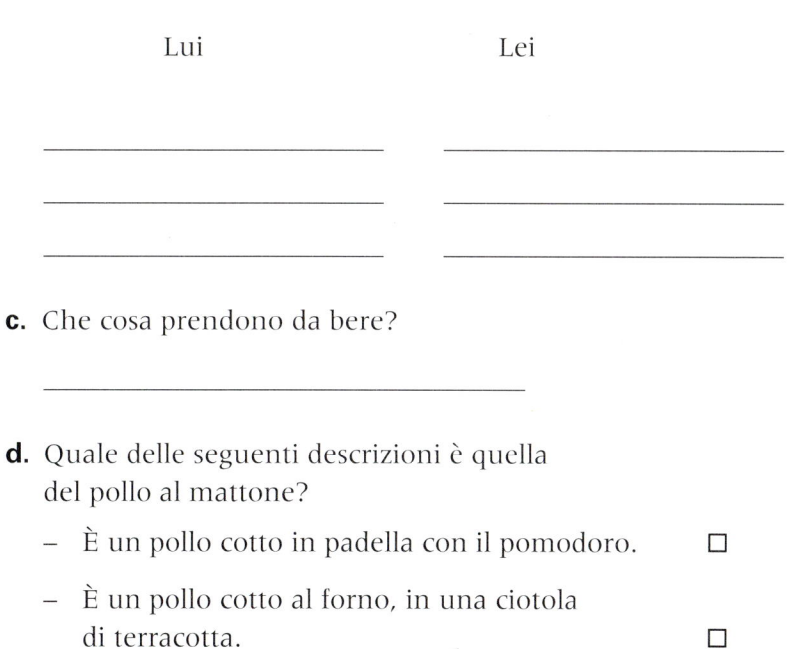

Lui	Lei
_____	_____
_____	_____
_____	_____

c. Che cosa prendono da bere?

_____

d. Quale delle seguenti descrizioni è quella del pollo al mattone?

– È un pollo cotto in padella con il pomodoro. ☐

– È un pollo cotto al forno, in una ciotola di terracotta. ☐

– È un pollo cotto in un tegame con vino bianco e rosmarino. ☐

65

LEZIONE 6

③ DIALOGO

Con l'aiuto dell'insegnante ricostruite il dialogo.
Poi ascoltate il testo originale e controllate.

■ Buonasera, signori.

● _____ .

▲ _____ . Senta, _____
_____ per due persone.

■ _____ ?

▲ Carboni.

■ Ah, sì, sì. _____ .

▲ _____ ?

● Sì, sì, perfetto.

■ Allora si accomodino.

▲ _____ .

④ ESERCIZIO

Ripetete il dialogo. Cambiate il nome di chi ha prenotato e il numero delle persone.

66

DIALOGO

▲ Che cosa ci consiglia di primo?
■ Mah, abbiamo maccheroni alla siciliana, penne all'arrabbiata, risotto ai funghi ...
● Senta, gli gnocchi li fate?
■ No, gli gnocchi li facciamo soltanto il giovedì, signora. Oggi ci sono le orecchiette alla pugliese. Sono molto buone. Sono la nostra specialità.
● Ah sì? Sono la vostra specialità?
■ Sì, sì, sì. Sono buonissime.
● Va bene. Allora per me orecchiette alla pugliese, però ne vorrei mezza porzione.

Completate.

> _____ gnocchi _____ fate?
>
> No, _____ gnocchi _____ facciamo soltanto il giovedì.

ESERCIZIO

Ripetete la prima parte del dialogo (fino a ... *giovedì*) con un altro studente. Uno di voi è il cliente e l'altro il cameriere. Il cameriere deve nominare i primi tre piatti di uno dei giorni della settimana. Il cliente chiede un piatto di un altro giorno. Il cameriere dice in che giorno lo fanno.

Menù del giorno

LUNEDÌ	MARTEDÌ	MERCOLEDÌ
Maccheroni alla siciliana	Spaghetti al ragù	Tortellini in brodo
Penne all'arrabbiata	Pasta e fagioli	Bucatini all'amatriciana
Risotto ai funghi	Rigatoni al sugo	Lasagne al forno
Orecchiette alla pugliese	Trenette al pesto	Spaghetti alla carbonara

GIOVEDÌ	VENERDÌ	SABATO
Gnocchi	Spaghetti alle vongole	Spaghetti al pomodoro
Minestra di verdure	Risotto alla pescatora	Minestrone
Penne al gorgonzola	Spaghetti aglio e olio	Cannelloni di magro
Sformato di maccheroni	Linguine ai frutti di mare	Risotto alla milanese

LEZIONE 6

Completate.

> Per me orecchiette alla pugliese, però
> _____ vorrei _____ porzione.

⑦ ESERCIZIO

Fate dei dialoghi secondo il modello. Variate i piatti e le quantità.

> ☐ Oggi ci sono *le orecchiette alla pugliese*.
> Sono molto buone. (buonissime).
> ○ Va bene. Allora per me *orecchiette alla pugliese*, però ne vorrei *mezza porzione*.
> *(una porzione abbondante, se possibile).*

orecchiette alla pugliese / mezza porzione
pasta e fagioli / un piatto abbondante
insalata di mare / appena un assaggio
crostini alla toscana / soltanto due

tortelli di zucca / una porzione abbondante
coniglio alla cacciatora / un pezzo piccolo
risotto ai funghi / una bella porzione
torta della nonna / una bella fetta

⑧ E ADESSO TOCCA A VOI!

Formate dei gruppi di tre o quattro studenti.
Uno è il cameriere e gli altri sono
i clienti che hanno riservato un tavolo.
Ordinate da mangiare ed eventualmente fatevi consigliare dal cameriere.

⑨ LETTURA

Orecchiette alla pugliese (per 4 persone)

gr. 400 di orecchiette, gr. 500 di pomodori, due mazzetti di rucola, due o tre spicchi d'aglio, un peperoncino, sale, olio, pecorino o parmigiano.

Pelare i pomodori e spezzettarli, tagliare l'aglio a fettine sottili e farlo appena dorare in un tegame con un po' d'olio. Aggiungere il peperoncino e poi i pomodori. Salare e fare cuocere per un quarto d'ora. Lavare la rucola, tagliarla grossolanamente e aggiungerla alla salsa di pomodoro. Mescolare bene e far cuocere ancora per circa 10 minuti. Intanto cuocere le orecchiette in abbondante acqua salata. Quando sono al dente, scolarle e unirle alla salsa. Servirle con pecorino o parmigiano grattugiato.

⑩ ESERCIZIO

A quali attività si riferiscono le seguenti foto?

a.

b.

c.

d.

e.

f.

tagliare l'aglio - aggiungere i pomodori - lavare la rucola - servire - scolare la pasta - mescolare

⑪ E ADESSO TOCCA A VOI!

Sapete cucinare un piatto di pasta? Spiegate a un compagno di corso come lo preparate.

LEZIONE 6

(12) DETTATO

SEPPIA
SCAMPO
VONGOLE
DENTICE
SOGLIOLA
PESCE SPADA

▲ _____ _____ _____ ?

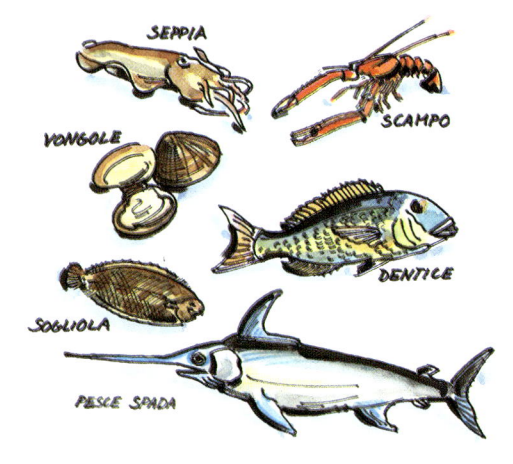

■ Mah, fresco o surgelato. Di fresco _____ per esempio la trota, il pesce spada, la sogliola ...

▲ _____ _____ _____ _____ _____ ?

■ Panata o ai ferri. ____ _____ panata o ai ferri?

▲ _____ ai ferri.

■ _____ , una sogliola ai ferri. ____ ____ _____ _____ _____ _____ ?

● ____ , ____ . ____ _____ _____ _____ .

(13) ESERCIZIO

Ripetete il dialogo secondo il modello.

> △ E *la sogliola* come *la* fate?
> □ *Panata o ai ferri.*
> △ Facciamo *ai ferri.*
> □ Benissimo.

La bistecca al sangue?

No, ben cotta, per cortesia.

a. Trota: bollita/alla mugnaia
b. Scaloppine: al limone/al marsala
c. Fegato: alla veneziana/ai ferri
d. Fagioli: con le cipolle/al sugo
e. Tortellini: in brodo/alla panna
f. Fettuccine: alla boscaiola/al ragù
g. Pollo: allo spiedo/al mattone
h. Cozze: gratinate/alla marinara

Buon appetito!

(14) **ESERCIZIO**

Fate le domande e rispondete secondo il modello.

> □ La signora prende *del pesce*?
> ○ No, io vorrei *della carne*.

a. vino / acqua
b. pollo / pesce
c. formaggio / frutta
d. verdura / formaggio
e. cozze / vongole
f. funghi / spinaci
g. calamari / gamberi
h. zucchine / fagiolini

(15) **E ADESSO TOCCA A VOI!**

Mangiate tutto o c'è qualcosa che non vi piace?
Come preferite mangiare la carne, il pesce, la verdura?
Vi piace la cucina italiana? E quella di altri paesi stranieri?
Confrontate i vostri gusti con un compagno.

LEZIONE 6

LETTURA

Un'osteria romana

A Roma, in un quartiere nato intorno al 1930 e non distante dal "Cupolone" di San Pietro, si trova l'osteria di Candido Rovazzani, una delle poche che ha conservato le tradizioni culinarie della capitale. Se cercate il locale turistico con foto di divi del cinema degli anni passati alle pareti, avete sbagliato indirizzo.
Già l'arredamento vi preannuncia la sobrietà della cucina di Candido: vecchi tavoli con tovaglie di carta e solidi bicchieri da osteria. Ma attenzione, la sobrietà non significa povertà, perché la cucina di Candido è invece ricca di sapori, ma non quelli sofisticati della "nouvelle cuisine", bensì quelli schietti e corposi della cucina romana, la cucina de noantri.*
Candido del resto assomiglia alla sua cucina. Fate quattro chiacchiere con lui e poi assaggiate i suoi rigatoni al sughetto di tonno oppure le sue salsicce casarecce accompagnate dalla bieta o dalla cicoria ripassate in padella.

Candido non lavora da solo: sua moglie, Lella, lo aiuta in cucina e, forse meno legata di lui alla tradizione, inventa a volte dei piatti nuovi. Particolarmente apprezzato è il suo sugo all'amatriciana che, preparato con qualche differenza rispetto alla ricetta classica, è accompagnato, con autoironia tutta romana, dall'aggettivo "light". Candido e Lella hanno tre figli: Maura, Valentino e Luisa, che dedicano volentieri il loro tempo libero e la loro simpatia al lavoro dei genitori. Per questo una cena da Candido (a pranzo il locale è chiuso) è un po' come stare a casa di amici: si mangia, si chiacchiera e si manda giù qualche bicchiere del buon rosso di Olevano, paese di provenienza della famiglia Rovazzani. E allora, se volete mangiare da Candido, fate bene a prenotare, ma mai il sabato e la domenica. Il fine settimana infatti il locale resta chiuso. Il lavoro, per Candido e la sua famiglia, è un piacere, e la corsa al denaro facile a dei veri romani come loro non interessa.

*In dialetto romanesco: "La nostra cucina"

Rispondete alle domande.

a. Dove si trova l'osteria di Candido Rovazzani? _____

b. Com'è la cucina di Candido? _____

c. Quale ricetta ha inventato la signora Lella? _____

d. Quando è aperta l'osteria di Candido? _____

Completate.

la cucina di Candido	la sua cucina
la moglie di Candido	_____ moglie
i rigatoni di Candido	_____ rigatoni
il sugo di Lella	_____ sugo
il tempo libero di Maura, Valentino e Luisa	_____ tempo libero

⑰ ESERCIZIO

Completate con i possessivi.

A Roma, non lontano da San Pietro, si trova l'osteria di Candido Rovazzani e di _____ moglie Lella. La _____ cucina è quella tradizionale romana con i _____ sapori semplici e forti. Candido del resto assomiglia ai _____ piatti. Lella invece ama a volte inventare piatti nuovi; molto apprezzato è, per esempio, il _____ sugo all'amatriciana light. Anche Maura, Valentino e Luisa, i tre figli di Candido e di Lella, lavorano volentieri nel ristorante e dedicano spesso il _____ tempo libero a dare una mano ai genitori.

⑱ E ADESSO TOCCA A VOI!

Avete un ristorante preferito? Parlatene con un compagno.

LEZIONE 7

Come passate la giornata?

1

PER INIZIARE

Che cosa vi piace fare in vacanza? Indicatelo con una crocetta e poi confrontate con un compagno. Avete gli stessi gusti?

dormire fino a tardi ☐
fare passeggiate ☐
leggere ☐
fare sport ☐
fare nuove conoscenze ☐
fare acquisti ☐
visitare musei ☐
andare al ristorante ☐
fare fotografie ☐
fare delle gite ☐
stare in compagnia ☐
prendere il sole ☐
fare il bagno ☐
giocare a tennis ☐
....

2 ASCOLTO

Roberto va a trovare Giovanna che sta passando le vacanze in campagna.

I Ascoltate più volte la registrazione e alla fine di ogni ascolto confrontate quanto avete capito con un compagno diverso.

II Completate il questionario.

a. Roberto è
- puntuale. ☐
- in ritardo. ☐

b. Roberto
- resta ☐
- non resta ☐
a pranzo.
- resta ☐
- non resta ☐
a cena.

c. Il marito di Giovanna è in
- garage ☐
- giardino ☐
- cortile ☐

e ripara
- la motocicletta. ☐
- la bicicletta. ☐
- la macchina. ☐

d. La sera Giovanna e il marito
- vanno al ristorante. ☐
- guardano la televisione. ☐
- giocano a carte. ☐
- leggono. ☐
- vanno al cinema. ☐

e. Perché Giovanna ha bisogno di riposo? _____

f. Quali delle seguenti espressioni usa Roberto per congratularsi con Giovanna?
- Auguri! ☐
- Congratulazioni! ☐
- Complimenti! ☐

75

LEZIONE 7

③ DIALOGO

- ■ Pronto.
- ● Giovanna?
- ■ Chi parla?
- ● Sono Roberto.
- ■ Ah ciao! Dove sei?
- ● Eh senti, qui vicino, a pochi chilometri da casa vostra. Posso fare un salto da voi?
- ■ Certo, vieni, ti aspetto.
- ● Bene, allora fra un quarto d'ora arrivo.
- ■ D'accordo. Ciao.

Completate.

> Sono _____ pochi chilometri _____ casa vostra.
>
> Posso fare un salto _____ voi?
>
> _____ un quarto d'ora arrivo.

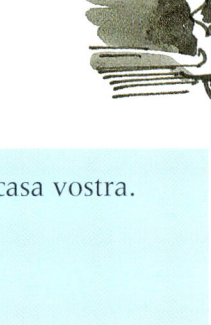

④ ESERCIZIO

Fate il dialogo secondo il modello.

> al bar Cavour / un minuto
>
> □ Dove sei?
> ○ *Al bar Cavour*. Posso fare un salto da te?
> □ Certo, vieni, ti aspetto.
> ○ Bene, allora fra *un minuto* arrivo.

a. in una cabina telefonica in piazza Zama / 10 minuti
b. a 10 km da Parma / mezz'ora
c. in ufficio / 20 minuti
d. a due passi da casa tua / 2 minuti
e. in un telefono pubblico alla stazione / tre quarti d'ora
f. in un autogrill sull'autostrada / un paio d'ore
g. a 100 metri dalla stazione / 20 minuti

5 DIALOGO

Ti fermi a pranzo?

Sì, però subito dopo devo andar via.

No!

Sì, devo essere in città.
Mi dispiace, magari un'altra volta.

Completate.

Confidenziale:	Roberto, _____ _____ a pranzo? a cena?		Sì volentieri. No, mi dispiace.
Formale:	Signor Bianchi, si ferma _____		
Plurale:	Vi _____ per un caffè?		Sì volentieri. No, ___ dispiace.

6 ESERCIZIO

Ripetete il dialogo. Sostituite a *pranzo, devo essere in città* e *un'altra volta* i seguenti elementi.

cena
prendere un caffè
fare due chiacchiere
bere qualcosa

devo finire un lavoro
ho un impegno
devo studiare
non ho tempo
devo incontrare un amico

domani (sera)
domenica
la prossima settimana

LEZIONE 7

⑦ LETTURA

Due mail.

Cara Viviana,
ti ricordi di Giorgio, quel mio amico di Napoli che hai conosciuto l'anno scorso alla festa del mio compleanno? Bene, è di nuovo qui a Bologna per una settimana e sabato sera viene a cena a casa mia. Vuoi venire anche tu? Mi farebbe tanto piacere.
Ciao.
Stefano

Caro Stefano,
grazie per l'invito. Vengo volentieri. Sono proprio contenta di rivedere Giorgio (e anche te naturalmente!).
A sabato allora!
Ciao
Viviana

⑧ E ADESSO TOCCA A VOI!

Stefano ha invitato anche Lei alla cena, ma Lei non può.
Risponda con un breve messaggio su una cartolina o con una mail.

⑨ DIALOGO

● Senti, ma ... sei sola? Non c'è nessuno?
■ No, no, ci sono tutti.
● E tuo marito dov'è?
■ È giù in garage, da due ore.
● Da due ore in garage?! E che sta facendo?
■ Sta riparando la bicicletta.
● Oh mamma mia, e tuo figlio?
■ Mio figlio adesso sta dormendo.
  Oggi non si sente bene.

Che _____ tuo marito?	Sta ripar_____ la bicicletta.
Che cosa ____ facendo	Sta leggendo il giornale.
Cosa _____ tuo figlio?	Sta dorm_____.

10 ESERCIZIO

Ripetete il dialogo secondo il modello.

> Gianluca / terrazza / stamattina / prendere il sole
>
> ○ Senti, ma ... non c'è nessuno?
> □ No, ci sono tutti.
> ○ E *Gianluca* dov'è?
> □ *È in terrazza*, da *stamattina*.
> ○ E che *sta* facendo?
> □ *Sta prendendo il sole*.

a. Franca / cucina / tre ore / preparare il pranzo
b. Giorgio / camera sua / stamattina / studiare
c. Carlo / giardino / due ore / lavorare
d. Serena / terrazza / tre ore / prendere il sole
e. Mario e Paola / cortile / due ore / lavare la macchina
f. Lucia / soggiorno / tre ore / guardare la TV

g. Corrado e Alberto / salotto / stamattina / mettere in ordine le diapositive
h. Stefano / camera da letto / tre ore / dormire
i. Marco / balcone / due ore / leggere il giornale
j. Sergio e Lucio / cantina / tre ore / cercare un libro
k. Aldo / camera sua / stamattina / lavorare al computer

11 E ADESSO TOCCA A VOI!

A Lei chiama al cellulare un amico che è in vacanza. Si informi dove si trova e che cosa fa.

B Lei è in vacanza. Riceve una telefonata da un amico. Racconti dove si trova e che cosa fa.

LEZIONE 7

12 **DETTATO**

● Non vi annoiate?
■ No, assolutamente, anzi ci riposiamo, ci troviamo _____ ____.
● ____ _____ . Ma _____ _____? _____ passate la giornata?
■ Mah, guarda, io personalmente per esempio mi alzo tardi la mattina.
● E ____ _____?
■ No, lui si sveglia già _____ _____ .
● E fa jogging.
■ E fa jogging.
● _____ sempre.
■ _____ al solito corre. E sì, niente. La mattina passa così.
● E ____ _____, la mattina intanto passa così. E poi il pomeriggio _____ _____?
■ Mah, il pomeriggio mi metto in _____. _____. Adesso ____ _____ «Il nome della rosa».

Completate.

> Non ___ annoiate?
> No, anzi ___ riposiamo. Io ___ alzo tardi, mio marito invece ___ sveglia già alle sei.

13 **ESERCIZIO**

Fate il dialogo secondo il modello.

> ☐ *Non vi annoiate?*
> ○ No, assolutamente, anzi *ci riposiamo*.

a. Non vi annoiate?   riposarsi
b. Ti svegli tardi?   alzarsi molto presto
c. Hai difficoltà sul lavoro?   trovarsi benissimo
d. Mario è stanco?   sentirsi in forma
e. Il bambino sta un po' male?   sentirsi benissimo
f. Lei non si annoia?   riposarsi
g. I bambini si svegliano tardi?   svegliarsi prestissimo

80

14 LETTURA

Cortina, 4 febbraio

Cara Agnese,

Cortina è un paradiso ed io mi sto divertendo un mondo, anche se fa molto freddo. Ieri ha nevicato tutto il giorno e siamo rimasti in albergo, ma oggi il tempo è bello e così Paolo ed io abbiamo sciato tutta la mattinata. Io purtroppo non sono brava come lui e perciò ho deciso di iscrivermi ad un corso di sci.
Quest'anno siamo in un albergo più confortevole del residence dell'anno scorso e ci troviamo veramente bene. Qui la sera ci divertiamo un sacco, anche perché abbiamo conosciuto della gente molto simpatica.
A presto!

Vanessa

Agnese Chiarini

via Attilio Friggeri, 113

00136 Roma

Completate.

Io non sono brava _____ lui.

L'albergo è _____ confortevole _____ residence.

15 ESERCIZIO

Fate le domande e rispondete a scelta secondo il modello.

confortevole – residence / albergo

È più confortevole il residence o l'albergo?

L'albergo è più *confortevole del residence*.
Il residence è meno *confortevole dell'albergo*.
Il residence (non) è *confortevole* come *l'albergo*.

a. comoda – la tenda / la roulotte
b. conveniente – il mercato / il supermercato
c. difficile – il cinese / l'italiano
d. facile – la storia / la matematica
e. divertente – il circo / il cabaret
f. interessante – Roma / Venezia
g. forte – la grappa / il rum
h. tranquille – le Tremiti / le Eolie
i. noiosi – i politici / i filosofi
j. rilassanti – le terme / le crociere

LEZIONE 7

(16)   E ADESSO TOCCA A VOI!

Siete in vacanza. Scrivete una cartolina ad un amico italiano.

(17)   LETTURA

a. Prima di leggere il testo completate la tabella.

Secondo voi ...		Segnare 1, 2 o X
che percentuale di italiani guarda la TV almeno una volta alla settimana?	Meno del 50%. Fra il 70 e l'80%. Più del 90%.	1 2 X
che percentuale di italiani quando esce va al cinema?	Fra il 20% e il 30%. Fra il 30% e il 40%. Fra il 40% e il 60%.	1 2 X
quanti uomini in percentuale leggono quotidiani?	Fra il 40% e il 50%. Fra il 50% e il 60%. Fra il 60% e il 70%.	1 2 X
quante donne in percentuale leggono quotidiani?	Fra il 40% e il 50%. Fra il 50% e il 60%. Fra il 60% e il 70%.	1 2 X
quanti uomini in percentuale leggono libri?	Fra il 30% e il 40%. Fra il 40% e il 50%. Fra il 50% e il 60%.	1 2 X
quante donne in percentuale leggono libri?	Fra il 30% e il 40%. Fra il 40% e il 50%. Fra il 50% e il 60%.	1 2 X
che percentuale di italiani visita abitualmente mostre e musei?	Meno del 10%. Fra il 10% e il 20%. Fra il 20% il 30%.	1 2 X

b. Leggete adesso il testo e verificate quanto conoscete gli italiani.

GLI ITALIANI E IL TEMPO LIBERO

Divoratori di televisione, amanti del cinema ma refrattari a libri e quotidiani. È il ritratto degli italiani secondo l'Istat, che ieri ha reso noti i risultati di un sondaggio sul tempo libero. Al primo posto tra gli svaghi c'è sempre la tv. Secondo l'Istat il 93,6% degli italiani di età superiore ai tre anni la guarda «almeno qualche giorno alla settimana». Quando si esce, poi, si va soprattutto al cinema: lo fa il 44,7% del campione intervistato (21.718 famiglie, 58.563 persone) con un picco dell'80% fra i giovani di età compresa tra i 20 e i 24 anni. I quotidiani interessano al 57% della popolazione, ma in misura diversa a seconda che si tratti di uomini (63,9%) o donne (50,6%). In discesa i lettori di libri (38,6%), che sono tornati ai livelli di dieci anni fa: in questo caso però le donne (43,6%) battono gli uomini (33,3%). Cresce invece l'attenzione per mostre e musei: li frequentano abitualmente oltre 28 italiani su 100.

(da *la Repubblica*, 19/10/01)

⑱ E ADESSO TOCCA A VOI!

Completate il questionario. Cercate poi tra i compagni di corso quello/quelli con cui avete più affinità.

Guardo la televisione ...	giornalmente.	☐
	spesso.	☐
	solo quando c'è una trasmissione particolarmente interessante.	☐
Vado al cinema ...	una volta alla settimana.	☐
	una o due volte al mese.	☐
	raramente.	☐
Leggo un quotidiano ...	ogni giorno.	☐
	almeno due giorni alla settimana.	☐
	raramente.	☐
Ogni anno leggo ...	almeno 20 libri.	☐
	fra i 10 e i 20 libri.	☐
	meno di 10 libri.	☐
Vado al museo ...	raramente.	☐
	spesso.	☐
	solo quando c'è una mostra interessante.	☐

LEZIONE 8

Non lo sapevo!

PER INIZIARE

Avete già frequentato uno di questi corsi? C'è un corso che vi piacerebbe frequentare ancora? Parlatene con un compagno.

Scuola di italiano per stranieri

Corsi a Bologna, corsi al mare, corsi in agriturismo. Lezioni di lingua italiana a domicilio, presso la nostra sede o presso la sede di enti, associazioni, aziende che ne fanno richiesta.
Corsi di conversazione libera in italiano su argomenti a scelta. Un ottimo rapporto qualità – prezzo, tra i migliori attualmente riscontrabili sul mercato.

Corso di Cucina

Il corso di cucina tenuto da alcuni anni a Roncegno presso la Casa di Salute Raphael è nato dalla richiesta degli ospiti della Casa di conoscere e poter sperimentare direttamente «con le mani in pasta» i metodi di preparazione degli alimenti.
I corsisti, ospitati nelle ampie cucine della Casa, seguono e partecipano direttamente alla preparazione dei piatti vegetariani più vari. Lo Chef Luigi segue personalmente lo svolgersi di tutto il corso.

Il corso è aperto a tutte le persone interessate. Costo del corso e della pensione completa in stanza doppia dalla cena del martedì al pranzo del sabato compresi è di euro 370,00. Supplemento per la stanza singola: euro 30,00. Per gli esterni che non alloggiano presso la Casa il costo di partecipazione al corso è di euro 215,00, pasti inclusi.

La scuola sci Pampeago

dà il benvenuto agli appassionati dello sci.
Corsi sci alpino
Corsi per bambini
Corsi carving
Corsi snowboard
Corsi neve fresca
Corsi per aspiranti maestri
Corsi domenicali per gruppi preorganizzati
Lezioni individuali (1-4 persone)
Gara settimanale

ASCOLTO

Roberto racconta a Marta che cosa ha fatto durante le vacanze.

I Ascoltate più volte la registrazione e alla fine di ogni ascolto confrontate quanto avete capito con un compagno diverso.

II Completate il questionario.

Vero o falso?	v	f
a. Roberto è stato in Francia per tre settimane.	☐	☐
b. Ha abitato in una pensione.	☐	☐
c. Ha conosciuto dei francesi.	☐	☐
d. Ha fatto delle escursioni.	☐	☐
e. È stato anche a Nizza.	☐	☐
f. Ha frequentato un corso di francese per principianti.	☐	☐
g. Roberto è laureato in tedesco.	☐	☐

LEZIONE 8

DIALOGO

3

a. Cosa dice Marta a Roberto? Provate a completare il dialogo. Confrontate poi con un compagno quanto avete scritto.

■ _____

● Ciao, Marta.

■ _____

● Sì, sono stato in Francia per un mese.

■ _____

● Sì, sì, molto bello.

■ _____

● Ho frequentato un corso di francese.

b. Adesso ascoltate il dialogo e completatelo.

■ _____

● Ciao, Marta.

■ _____

● Sì, sono stato in Francia per un mese.

■ _____

● Sì, sì, molto bello.

■ _____

● Ho frequentato un corso di francese.

ESERCIZIO

4

Ripetete il dialogo cambiando i posti, la durata del soggiorno, e le attività svolte.

a. Roma / due settimane / visitare la città
b. Spagna / dieci giorni / fare un giro con la motocicletta
c. Londra / tre mesi / lavorare in un albergo
d. Firenze / tre settimane / studiare l'italiano
e. Toscana / venti giorni / lavorare in un'azienda agrituristica
f. Puglia / due settimane / fare un corso di windsurf

5

DIALOGO

■ Era organizzato bene il corso?
● Molto bene. C'erano le lezioni tutte le mattine. Poi c'era la pausa per il pranzo. Poi si andava ancora ai corsi. E dopo si era liberi, e si andava in paese o si restava lì all'università.
■ E si mangiava bene?
● Si mangiava bene. Almeno io ho sempre mangiato bene. Poi, naturalmente, c'è chi trova il pelo nell'uovo … ma io devo dire che sono soddisfatto.

Completate.

C'_____ le lezioni tutte le mattine.	Poi si _____ ancora ai corsi.
Poi c'_____ la pausa per il pranzo.	Il pomeriggio si _____ liber____.

6

ESERCIZIO

Fate le domande secondo il modello.

> corso: la mattina studiare – il pomeriggio essere liberi
>
> ☐ Era organizzato bene *il corso?*
> ○ Molto bene. *La mattina si studiava* e poi *il pomeriggio si era liberi.*

a. il lavoro: la mattina lavorare – il pomeriggio essere liberi
b. il viaggio: partire alle 7.00 – viaggiare tutto il giorno – la sera essere stanchi, ma soddisfatti
c. il congresso: la mattina essere occupati con le relazioni – il pomeriggio giocare a tennis o andare in piscina
d. le lezioni: la mattina essere impegnati con lo studio – la sera andare in città – prendere qualcosa al bar o andare a ballare
e. le escursioni: la mattina andare in gruppo – camminare tutto il giorno – la sera chiacchierare seduti intorno al fuoco – essere contenti e cantare

Completate.

E si mangiava bene in Francia? Si _____ bene. Almeno io ____ sempre _____ bene.	imperfetto = di solito, in generale passato prossimo = ogni volta, in particolare

87

LEZIONE 8

⑦ ESERCIZIO

Rispondete alle domande secondo il modello.

> ○ E si mangiava bene in Francia?
> □ *Si mangiava bene.* Io almeno *ho* sempre *mangiato bene*.

a. Si dormiva bene nella casa dello studente?
b. Si studiava molto in quella scuola?
c. Si imparava molto durante il corso?
d. Si aveva contatto con la gente?
e. Si stava bene in quella pensione?
f. Si parlava molto durante le lezioni?

⑧ DETTATO

■ E il fine-settimana che facevi?

● Eh, anche lì era organizzato _____ _____, _____ si partiva _____ con dei pullman __ _____ o __ _____, a volte _____ __ _____ __ __ _____, e si andava nei _____ _____ a Montpellier __ ____ ____ _____ _____.

■ _____.

● Sì, sì. Si andava _____ __ ____. _____ _____ _____ paesi, carini, _____. Per esempio una volta siamo stati anche a Nizza.

9 ESERCIZIO

Fate le frasi secondo il modello.

> Si (andare) *andava* sempre al mare, una volta (andare) *siamo andati* in montagna.

a. Si (mangiare) _____ sempre alla mensa, una volta (mangiare) _____ al ristorante.
b. Si (andare) _____ sempre fuori, una volta (restare) _____ in città.
c. Si (partire) _____ sempre presto la mattina, una volta (partire) _____ la sera.
d. Si (guardare) _____ sempre la televisione, una volta (andare) _____ al cinema.
e. Si (lavorare) _____ sempre tutto il giorno, una volta (fare) _____ una festa.
f. Si (giocare) _____ sempre a tennis, una volta (giocare) _____ a calcio.

10 E ADESSO TOCCA A VOI!

a. Pensate alle vostre ultime vacanze. Scrivete sul primo foglio alcune delle attività che svolgevate generalmente e sull'altro quelle che avete fatto una volta.

	Generalmente	Una volta
La mattina		
Il pomeriggio		
La sera		
Il fine-settimana		

b. Intervistate un vostro compagno di corso. Domandategli dove è stato in vacanza, poi chiedetegli di raccontarvi cosa faceva la mattina, il pomeriggio, la sera o il fine-settimana.

LEZIONE 8

(11)   **LETTURA**

Susanna Agnelli, nata a Torino nel 1922, è stata consigliere comunale e poi sindaco di Porto S. Stefano sull'Argentario. È stata anche deputata al Parlamento Europeo. In una pagina del libro autobiografico *Vestivamo alla marinara* racconta del suo trasferimento dal convento di St. Leonards on sea, dove si trovava male, a quello di Cavendish Square a Londra.

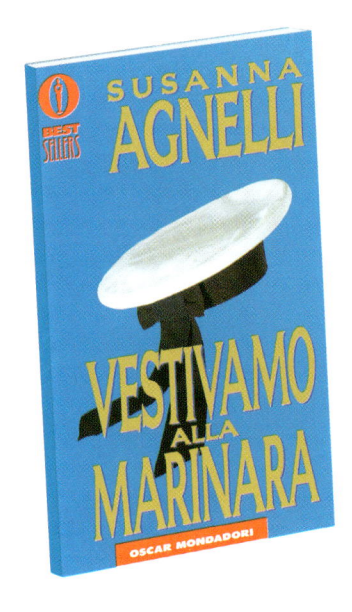

Qui le suore erano intelligenti e sensibili. Un giorno ho scritto in un tema che, quando un libro mi piaceva molto, lo mettevo da parte e ne leggevo una pagina al giorno per non perdere gli amici che i personaggi del libro, intanto, erano diventati per me. La madre che insegnava letteratura mi ha chiamato e detto: «Interessante, veramente senti in questo modo?». Da allora mi divertivo un mondo scrivendo temi e andando da lei a discuterne.

Ci portavano alla National Gallery dove sedevamo su uno sgabello e ascoltavamo un vecchietto scrupolosissimo che ci descriveva lo stesso quadro per trenta minuti. Il vecchietto era noiosissimo, ma, da allora, la pittura mi affascina.

In collegio c'era una ragazza italiana che io chiamavo la «Tigre», tanto aveva paura di tutto. Dalle nove alle nove e mezzo, la mattina, avevamo il permesso di fare una passeggiata. Trascinavo la Tigre di corsa lungo le strade fino a Oxford Street dove si poteva bere un «malted milk», e si mangiava la torta al cioccolato. Così diventavamo sempre più grasse. Morivo dal ridere perché la Tigre aveva paura di essere scoperta in un milk bar, cosa proibita.

(12) ESERCIZIO

Completate le frasi.

a. Susanna Agnelli a volte di un libro _____ una pagina al giorno.

b. Alla National Gallery lei e le sue compagne _____ un vecchietto che _____ i quadri.

c. La compagna di Susanna _____ paura di tutto.

d. Spesso la mattina loro _____ una passeggiata fino a Oxford Street.

e. Andavano in un milk bar dove _____ la torta al cioccolato.

f. Susanna e la «Tigre» _____ sempre più grasse.

(13) E ADESSO TOCCA A VOI!

Che cosa ricordate del periodo scolastico? Che cosa vi piaceva o non vi piaceva? Leggevate volentieri? Ricordate un compagno o una compagna?

Completate.

> Mi divertivo un mondo _____ temi e _____ da lei a discuterne.

(14) ESERCIZIO

Completate le frasi con il gerundio.

a. Marco passava le mattine (studiare) _____.

b. L'autobus non passava mai, si arrivava prima (andare) _____ a piedi.

c. Mario ha imparato a usare il computer (leggere) _____ dei libri e delle riviste specializzate.

d. Siamo arrivati lassù (prendere) _____ un'altra strada.

e. Hanno passato la serata (ballare) _____ e (cantare) _____.

f. (Partire) _____ presto non si incontra traffico.

LEZIONE 8

(15) DIALOGO

■ E così hai imparato il francese.
● Beh, no, io conoscevo già il francese.
■ Ah! … Lo parlavi già?
● E beh, certo, perché io … non lo sapevi? Io ho studiato il francese all'università.
■ Ah!
● Mi sono laureato in francese.
■ Ah! Non lo sapevo proprio.

Completate.

☐ Ho _____ che sei stato in Francia.
○ Sì, sono stato in Francia per un mese.

☐ Io ho studiato il francese all'università.
○ Ah! Non lo _____ proprio.

☐ Io _____ già il francese.
○ Ah, lo _____ già?

(16) ESERCIZIO

Passato prossimo o imperfetto?

a. Franco è laureato in legge. (Voi – non saperlo) _____?

b. Quando (Lei – sapere) _____ la notizia?

c. Lei parla bene il tedesco. Io non (saperlo) _____.

d. Noi (conoscere) _____ già i Neri.

e. Luisa (conoscere) _____ Marco l'estate scorsa al mare.

f. Flavia (parlare) _____ già lo spagnolo prima di trasferirsi a Madrid.

(17) E ADESSO TOCCA A VOI!

Certamente avete frequentato un corso (lingue, sport, ecc.) nel vostro paese o anche all'estero. Raccontate che cosa facevate generalmente e se qualche volta avete fatto qualcosa di particolare.

LETTURA

18

Leggete questa pubblicità.

Portare i bambini al Club è come andare in vacanza con dieci baby-sitter. Perché il Club è una grande famiglia dove tutti sono indipendenti e felici. Al Club ognuno, piccolo o grande che sia, è libero di seguire i propri ritmi, le proprie passioni, i propri amici, i propri sport. Già a partire dal baby-club, ogni bimbo ha i suoi orari e i suoi spazi per il gioco e le attività. E si sente più grande, perché può organizzare la sua giornata come un adulto. Una vacanza al Club è una vera vacanza per tutta la famiglia: mentre i piccoli si divertono come matti, tra gli sguardi attenti di insegnanti e G.O.*, le mamme e i papà possono finalmente ritrovare il tanto sospirato spazio per un tête-à-tête in riva al mare. O un'escursione a cavallo come non la facevano da tanti anni. Il Club è la prima famiglia dove i genitori possono finalmente permettersi di dimenticare i figli. E i figli hanno troppo da fare per cercare i genitori.

Club Med
La felicità, se vuoi.

*G.O. = Gentils Organisateurs, francese per «animatori».

a. Nel testo si usa «piccolo» per «bambino». Che altra parola si usa per «grande»? _____
b. Che altra parola si usa per «bambino»? _____
c. Cosa fanno i bambini quando i genitori non ci sono? _____
d. Perché al Club i figli non cercano i genitori? _____

93

LEZIONE 8

	_____ sono indipendenti e felici.
Al Club	_____ è libero di seguire i propri ritmi.
	_____ bimbo ha i suoi orari.

19 ESERCIZIO

Trasformate secondo il modello.

> Al Club *tutti sono* indipendent*i* e felic*i*.   Al Club *ognuno* è indipendent*e* e felic*e*.
> Al Club *tutti gli* adulti si riposano.   Al Club *ogni* adulto si riposa.

a. Al Club tutti possono riposarsi. _____

b. Al Club tutti sono liberi di fare quello che vogliono. _____

c. Al Club tutti hanno la possibilità di fare dello sport. _____

d. Al Club tutti fanno amicizia. _____

e. Al Club tutti i bambini giocano allegramente. _____

f. Al Club tutte le mamme si riposano. _____

g. Al Club tutti i piccoli si divertono. _____

h. Al Club tutti i ragazzi sono indipendenti. _____

20 E ADESSO TOCCA A VOI!

A Lei è stato/-a in vacanza al Club Med. Racconti a un amico che cosa faceva.

B Ha saputo che il Suo amico/la Sua amica è stato/-a al Club Med. Gli chieda che cosa faceva.

Ciao, come stai?

LEZIONE 1

⇨ 3

1. Mario Riccardi incontra Angela Mancini. Mettete in ordine le frasi in modo da formare un dialogo.

Ciao, Mario.   Bene, grazie, e tu?

Non c'è male, grazie.

Come stai?   Ciao, Angela.

2. Trasformate il dialogo usando il *Lei*.

_____
_____
_____
_____
_____
_____

⇨ 6

3. Completate i testi.

■ Gianna, _____ presento _____ mio amico Vincenzo.
Vincenzo, questa _____ Gianna.

● Dottor Rossi, _____ presento _____ signora Bianchi.
Signora Bianchi, _____ dottor Rossi.

95

4. **Completate il cruciverba con le nazionalità.**
   Qual è la parola nascosta (un saluto) nelle caselle grigie?

1. Pedro è di Madrid, è...
2. Pierre è di Parigi, è...
3. Björn è di Oslo, è...
4. Marcello è di Roma, è...
5. Franz è di Basilea, è...
6. Antonio è di Buenos Aires, è...
7. Karin è di Berlino, è...
8. Brian è di Londra, è...
9. Paul è di Vienna, è...
10. John è di New York, è...
11. Monica è di San Paolo, è...

5. **Il suono della «c» e della «g» dipende in italiano dalle lettere che seguono:**

c = [tʃ]	davanti alle vocali **e** ed **i**, per esempio: piacere, ciao, Marcello
c = [k]	davanti ad **a**, **o**, **u** o **h**, per esempio: Carlo, Marco, scusi, Michele, Chiara
g = [dʒ]	davanti alle vocali **e** ed **i**, per esempio: Germania, buongiorno
g = [g]	davanti ad **a**, **o**, **u** o **h**, per esempio: Garda, Gorizia, Guido, Margherita
Inoltre:	
gn = [ɲ]	per es.: si**gn**ora, spa**gn**olo
gli = [ʎ]	per es.: Sivi**gli**a

Segnate con una crocetta la pronuncia delle lettere evidenziate, come indicato per il numero 1.

	k	tʃ	g	dʒ	λ	ŋ
1. **Ch**ianti	x					
2. spa**gh**etti						
3. arrivéder**ci**						
4. **g**elato						
5. cu**ci**na						
6. **g**iardino						
7. porto**gh**ese						
8. ban**c**a						
9. li**c**eo						
10. farma**ci**a						
11. prose**cc**o						
12. ami**c**a						
13. co**gn**ome						
14. fami**gli**a						
15. spa**gn**ola						
16. fran**c**ese						
17. **G**ermania						
18. Pu**gli**a						

6. Completate il dialogo usando il *tu*. Notate delle differenze rispetto al *Lei*?

▪ Scusa, come ___ _____?
● Luise Heller.
▪ Ma tu _____ tedesca?
● ____, _____ austriaca.
▪ E ____ _____?
● Di Vienna.

7. Abbinate le città alle nazioni. Esempio: Roma - Italia.

Parigi   Grecia   Berlino   Vienna
Portogallo   Dublino   Berna
Gran Bretagna   Cina   Lisbona
Egitto   Francia   Svizzera   Atene
Austria
Varsavia   Londra   Pechino   Tokio
Irlanda   Il Cairo
Polonia   Giappone   Germania

(↻ 13) **8. Completate il cruciverba con le professioni.**

97

9. Cosa risponde alla giornalista Marcus Maier di Magonza, insegnante a Firenze?

Come si chiama?
- _____

Lei è tedesco?
- _____

E di dove?
- _____

È qui in vacanza?
- _____

E che lavoro fa?
- _____

10. Completate i dialoghi con le preposizioni *a, di, in*.

a. Dove lavori?
- ____ Sorrento, vicino ____ Napoli.

b. Ma Lei vive ____ Francia o ____ Italia?
- Io vivo ____ Francia, ____ Nizza.

c. Anche tu sei ____ Firenze?
- No, sono ____ Siena.

d. Dov'è Giancarlo?
- È ____ cucina.

e. Sei inglese?
- No, sono americano, ____ Boston.

f. Tu vivi ____ Milano o ____ Roma?
- Io vivo vicino ____ Milano, ____ Lodi.

11. Completate con l'articolo indeterminativo.

a. Monica è _____ amica di Marcello.

b. Marcello è _____ amico di Giancarlo.

c. Marcello lavora in _____ liceo.

d. Luigi è avvocato, lavora in _____ studio legale.

e. Franca lavora in _____ farmacia.

12. Completate il dialogo usando il *tu*.

▪ Come _____ _____?
● Io _____ _____ Stefano.
▪ E tu _____ di Roma?
● No, _____ di Napoli, ma _____ a Roma.
▪ E cosa _____ qui?
● _____ in una farmacia.

⇨ 18) 13. Completate con l'articolo indeterminativo.

Franco, prendi…

(un)
(uno)
(una)
(un')

_____ vino rosso?
_____ grappa?
_____ Martini?
_____ prosecco?
_____ spumante?
_____ aranciata?
_____ birra?
_____ aperitivo?
_____ acqua minerale?

⇨ 19) 14. Scrivete i numeri in lettere. Nelle caselle evidenziate leggerete il nome di quattro città italiane.

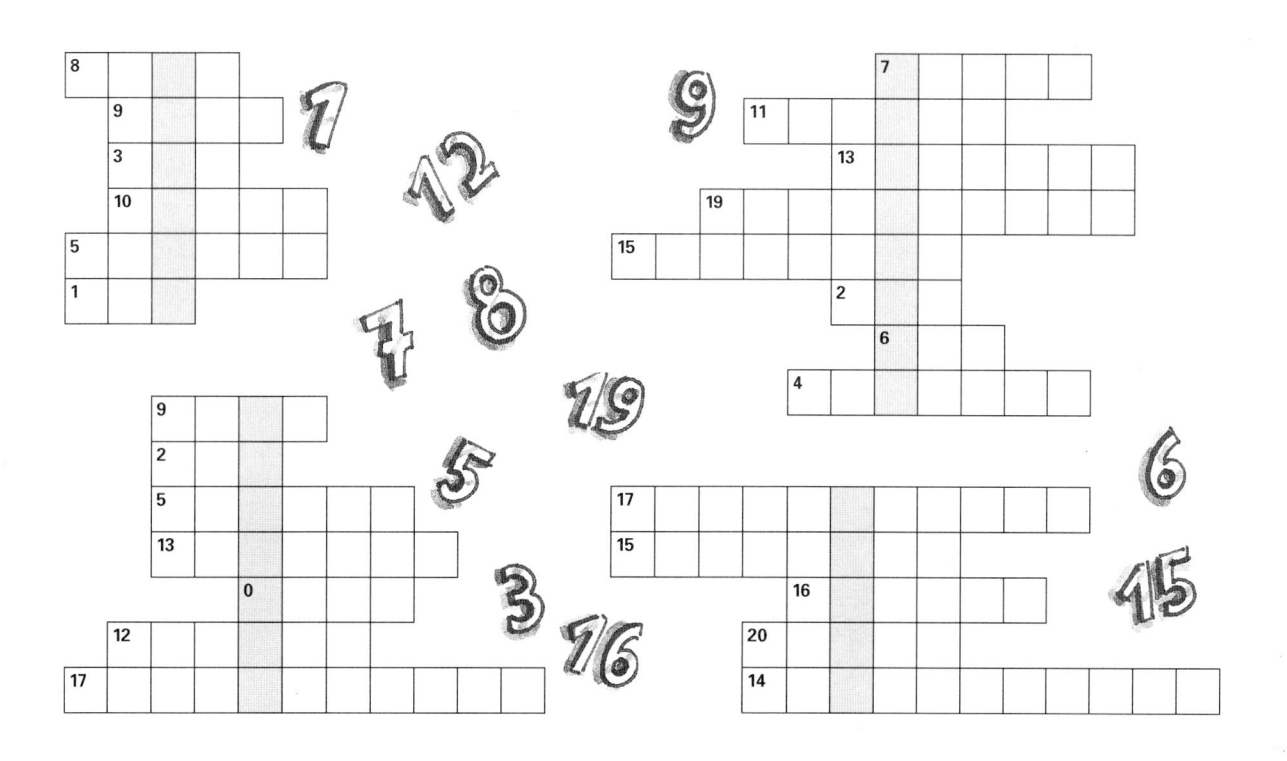

99

15. Completate con l'articolo determinativo.

a. Francesca cerca una baby-sitter per ____ bambino.

b. ____ mese prossimo partiamo per ____ Sardegna.

c. Come va ____ vita?

d. Le presento ____ signor Bianchi.

e. Questa è ____ mia amica di Milano.

f. Conosci ____ spagnolo?

g. Parlo ____ inglese e ____ tedesco e capisco anche ____ italiano.

h. ____ mio numero di telefono è 049/335278.

16. Mettete in ordine le forme verbali.

stai, fa, ha, faccio, sto, ho, hai, fai, sta, sono, è, sei

	stare	fare	avere	essere
io	_____	_____	_____	_____
tu	_____	_____	_____	_____
lui/lei/Lei	_____	_____	_____	_____

17. Completate con le forme di *avere, essere, fare, stare*.

a. Ciao, Mario, come _____ ?

b. Che lavoro _____ Piero?

c. Carlos _____ di origine italiana.

d. Come _____, signor Rossetti?

e. Quanti anni _____, Giorgio?

f. Come _____ la signora Bianchi?

g. Tu che cosa _____ qui a Venezia?

h. Anche tu _____ di Milano?

i. Io _____ qui in vacanza.

j. Io _____ un piccolo problema.

18. Completate i testi.

Si chiam___ Maria Rossi, è italian___ , di Roma, ma abit___ a Firenze da tre anni. Parl___ ___ inglese e ___ francese e lavor___ in una libreria.

Si _____ Wolfgang Schmidt, ___ tedesc___ , ___ Stoccarda, ma abit___ ___ Berlino da 5 anni. Conosc___ ___ italiano e ___ spagnolo e lavor___ in ___ scuola di lingue.

___ _____ Anna Hügli, ___ svizzer___ , di Basilea, ma abit___ ___ Zurigo. Anna parl___ ___ italiano e ___ francese e capisc___ anche ___ spagnolo.

19. Inserite nelle frasi le seguenti preposizioni.

| di | per | in | da | a |

a. Mario è _____ Roma, ma abita _____ Maglie vicino _____ Lecce.

b. Lei è qui _____ vacanza o _____ lavoro?

c. Il signor Franchi lavora _____ una banca.

d. Fabio abita _____ Venezia _____ cinque anni.

e. Francesca cerca una baby sitter _____ il bambino.

f. Frascati è vicino _____ Roma.

20. Completate lo schema.

	io	tu	lui/lei/Lei
CHIAMARSI	_____	_____	si chiama
PARLARE	_____	parli	_____
STUDIARE	studio	_____	_____
CERCARE	_____	cerchi	_____
VIVERE	_____	_____	vive
CONOSCERE	conosco	_____	_____
PARTIRE	_____	_____	parte
PREFERIRE	_____	preferisci	_____
CAPIRE	capisco	_____	_____

a. Qual è la desinenza della 1ª persona singolare (io) di tutti i verbi?
b. Qual è la desinenza della 2ª persona singolare (tu) di tutti i verbi?
c. Qual è la desinenza della 3ª persona singolare (lui, lei, Lei) dei verbi in -are?
d. Qual è la desinenza della 3ª persona singolare (lui, lei, Lei) dei verbi in -ere e in -ire?
e. Che particolarità ha il verbo *cercare*?
f. E i verbi *capire* e *preferire*?

21. Completate le frasi.

a. Giancarlo è un _____ di Marcello. È _____ Roma, ma lavora _____ Frascati, _____ un liceo. _____ insegnante.

b. Anche Monica è _____ amica di Marcello. È brasiliana, _____ San Paolo. Vive _____ Brasile, ma è _____ Roma _____ lavoro. È giornalista.

c. Francesca ha _____ piccolo problema: cerca _____ baby sitter per _____ bambino.

d. Anna conosce una _____ americana, _____ Boston. _____ Mary, _____ 19 anni e vive _____ Graz _____ due anni. Conosce _____ spagnolo e capisce anche _____ italiano.

102

22. Ecco come si presentano l'insegnante e gli studenti di un corso d'italiano a Firenze. Completate i testi con i seguenti verbi.

abitare – avere – capire – cercare – chiamarsi – conoscere – essere – lavorare – parlare – studiare

a. _____ Maurizio Bossi, _____ di Bergamo ma _____ a Firenze e _____ in questa scuola da 5 anni. _____ il francese e _____ anche lo spagnolo e il tedesco.

b. _____ Georg Müller, _____ tedesco, di Lubecca, ma _____ a Braunschweig. _____ in una banca e _____ l'italiano per il mio lavoro.

c. _____ Joan, _____ inglese e _____ a Cambridge. _____ poco l'italiano ma _____ lo spagnolo e il francese. A Cambridge _____ matematica.

d. _____ Michael Soller, _____ svizzero e _____ architettura. _____ qui a Firenze da una settimana. _____ 20 anni e _____ un piccolo lavoro per uno o due mesi.

e. _____ Susanne Heider, _____ di Salisburgo e _____ in un hotel. _____ il francese e il portoghese e qui a Firenze _____ l'italiano.

Grammatica

1. Il sostantivo

In italiano ci sono due generi: il maschile e il femminile.

maschile	femminile
il bambin**o**	la ragazz**a**
il signor**e**	la profession**e**

2. L'aggettivo

In italiano c'è un gruppo di aggettivi che al maschile singolare hanno la desinenza **-o** e al femminile singolare **-a**.

Marcello è italian**o**.   Monica è brasilian**a**.

Un altro gruppo di aggettivi ha al singolare la stessa desinenza **-e** per il maschile e per il femminile.

Robert è ingles**e**.   Jane è ingles**e**.

La nazionalità è espressa in italiano da un aggettivo.

3. *Essere*

(io)	**Sono** Luciana.
(tu)	**Sei** Michele?
(lui)	**È** Franco.
(lei)	**È** Ulla.
(Lei)	**È** italiano anche Lei?

4. *Chiamarsi*

(io)		**Mi chiamo** Gina.
(tu)	Come	**ti chiami** ?
(lui)	Lui	**si chiama** Paolo.
(lei)	Lei	**si chiama** Rita.
(Lei)	E Lei come	**si chiama** ?

5. Presente dei verbi regolari

	parlare	**viv**ere	**part**ire
(io)	parl**o**	viv**o**	part**o**
(tu)	parl**i**	viv**i**	part**i**
(lui) (lei) (Lei)	parl**a**	viv**e**	part**e**
(noi)	parl**iamo**	viv**iamo**	part**iamo**

I pronomi *io, tu, lui* ecc. in italiano vengono normalmente omessi. Si usano solo quando si vuole mettere in risalto la persona. La forma di cortesia, quando ci si rivolge a una persona, è *Lei* (3ª pers. sing.).

C'è un gruppo di verbi in *-ire*, in cui si inserisce (tra radice e desinenza) *-isc-*:

preferire: prefer**isc**o, prefer**isc**i, prefer**isc**e.
capire: cap**isc**o, cap**isc**i, cap**isc**e.

Nel verbo **cercare** si inserisce una *-h-*, alla 2ª persona singolare e alla 1ª plurale per mantenerne inalterata la pronuncia.

6. L'articolo indeterminativo

	maschile	femminile
Preferisco	**un** prosecco **un** *a*peritivo **uno** *s*pumante	**una** birra **un'***a*ranciata

masch.: **un**
uno (davanti a s + consonante)
femm.: **una**
un' (davanti a vocale)

7. L'articolo determinativo singolare

maschile	femminile
il ragazzo	**la** ragazza
l'operaio	l'operaia
lo studente	**la** studentessa

masch./femm.:	**il / la**
	l' (davanti a vocale)
masch.	**lo** (davanti a s + consonante)

Attenzione: Davanti a *signor(e), signora, signorina,* seguiti da un nome proprio, va sempre l'articolo determinativo. Eccezione: quando ci si rivolge direttamente alla persona:
Questo è **il** signor Turri. — Signor Turri, come sta?

Se seguito da un nome proprio, *signore* diventa *signor*.

8. *Avere, fare* e *stare*

io	**Ho** un problema.	Non **faccio** sport.	**Sto** bene.
tu	Quanti anni **hai**?	Che cosa **fai** qui?	Come **stai**?
lui/lei	**Ha** 20 anni.	Che cosa **fa**?	Mario **sta** bene.
Lei	Quanti anni **ha** Lei?	E Lei che cosa **fa** qui?	Come **sta**?

Attenzione: l'età viene espressa con il verbo *avere*.

9. Frasi dichiarative e frasi interrogative

a. In una frase dichiarativa l'ordine delle parole è in genere:

soggetto	verbo	complementi
Frank	è	tedesco.
Monica	parla	bene l'italiano.

b. La differenza tra frase dichiarativa e frase interrogativa si ha

▷ nella melodia della frase:

Frank è tedesco?　　　Monica parla bene l'italiano?

▷ oppure nella disposizione delle parole, dove il soggetto segue verbo e complementi:

verbo	complementi	soggetto
È	tedesco	Frank?
Parla	bene l'italiano	Monica?

10. Complementi di luogo con *in* e *a*

Vivo **in** Italia.	(in + Paese)
Vivo **a** Roma.	(a + città)

LEZIONE 2

Che cosa prendi?

1. Completate il dialogo con le seguenti parole.

> vorrei – Lei – scusi – senza – desiderano – una

△ Senta, _____.

○ Buongiorno, _____?

△ Dunque, io _____ un gelato.

○ Con o _____ panna?

△ Con panna.

○ E per _____?

△ _____ birra.

2. Fate delle frasi secondo il modello.

> Preferisce l'acqua minerale gasata o naturale?

| acqua minerale latte vino aranciata aperitivo | gasata alcolico rosso caldo dolce | bianco naturale freddo analcolico amara |

3. Cruciverba

Nelle caselle evidenziate si leggerà il nome di un famoso aperitivo.

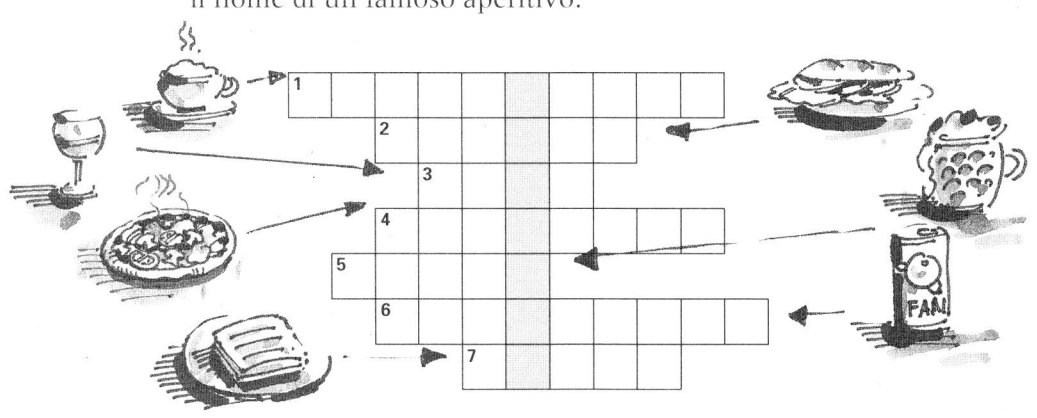

108

4. Un gruppo di turisti siede in un bar al lago di Garda. Completate le ordinazioni con l'articolo indeterminativo e le desinenze.

a. – ____ birra grand___, per favore!
b. – ____ tè fredd___!
c. – ____ coca cola piccol___, per piacere!
d. – ____ cappuccino, ma cald___ per favore!
e. – Io vorrei ____ caffè tedesc___!
f. – E io ____ bicchiere di vino bianc___!
g. – E io vorrei ____ coca cola grand___!

5. Scrivete le parole nella riga corrispondente.

aranciata   gelato   zucchero   bicchiere   funghi
   carciofini   ghiaccio   prosciutto   cornetto
spinaci
   formaggio   cappuccino   cioccolata   chianti

[tʃ] _____
[dʒ] _____
[k]   _____
[g]   _____
[ʃ]   _____

109

LEZIONE 2

6. Completate con gli articoli determinativi.

	singolare	plurale
m a s c h i l e	___ tramezzino il gelato ___ amico l'aperitivo ___ strudel lo spagnolo lo zero	i tramezzini ___ gelati gli amici ___ aperitivi gli strudel ___ spagnoli ___ zeri

	singolare	plurale
f e m m i n i l e	___ pizzetta la birra ___ aranciata l'amica	le pizzette ___ birre le aranciate ___ amiche

7. Completate con l'articolo determinativo e volgete al plurale.

___ limonata — le limonate

___ cappuccino _____

___ caffè _____

___ aranciata _____

___ aperitivo _____

___ strudel _____

___ tè freddo _____

___ medaglione caldo _____

___ cioccolata calda _____

___ birra fredda _____

___ spremuta d'arancia _____

___ birra alla spina _____

___ bicchiere di latte _____

___ gelato con panna _____

___ whisky con ghiaccio _____

110

8. Inserite i verbi opportuni.

1° cliente: _____!

Cameriere: Sì, prego.

1° cliente: _____ una spremuta di pompelmo.

Cameriere: Benissimo. E per Lei?

2° cliente: Io _____ un cappuccino.

1° cliente: Da mangiare che cosa _____?

Cameriere: _____ tramezzini e pizzette.

1° cliente: _____ tramezzini con prosciutto e funghi?

Cameriere: Sì.

1° cliente: Allora _____ un tramezzino con prosciutto e funghi.

Cameriere: Bene.

9. Scegliete l'alternativa corretta.

a. Ecco a Lei. _____ pure il resto? Tenga/Lascia

b. _____, Franco, io ho sete. Andiamo in un bar? Senti/Senta

c. _____, signora, abbiamo tramezzini, toast, pizzette ... Guardi/Scusa

d. _____, come ti chiami? Scusa/Scusi

e. _____, potrebbe portare un po' di latte, per cortesia? Senti/Senta

f. No, Daniela, _____, faccio io! tenga/lascia

LEZIONE 2

10. Qual è l'intruso?

a. pizzetta – toast – tramezzino – strudel _____

b. tovagliolo – cucchiaino – bicchiere – latte _____

c. crema – formaggio – prosciutto – tonno _____

d. cappuccino – caffè – spremuta – tè _____

e. lattina – bottiglia – bicchiere – limone _____

f. aranciata – birra – spremuta – limonata _____

11. Completate con le seguenti parole.

> dunque – guardi – magari – certo – per cortesia

a. ○ Abbiamo tramezzini, pizzette, toast ...

   ☐ Allora un toast, _____. I toast come sono?

b. ○ Che tramezzini avete?

   ☐ Ma, _____, i soliti: tonno e pomodoro, mozzarella e spinaci.

c. ○ Buongiorno, desidera?

   ☐ _____ io vorrei un cappuccino.

d. ○ Potrebbe portare un po' di zucchero, _____?

   ☐ Subito ...

e. ○ Avete tramezzini con tonno e pomodoro?

   ☐ _____ .

12. Scrivete i numeri.

31 _____   42 _____   53 _____

64 _____   75 _____   86 _____

97 _____   48 _____   57 _____

65 _____   91 _____   43 _____

13. In un bar un cliente ordina da bere e da mangiare. Completate il dialogo.

○ _____. Desidera?

☐ _____ birra.

○ In bottiglia o alla spina?

☐ _____.

○ Benissimo.

☐ Senta, _____ qualcosa.
_____ avete?

○ Abbiamo pizzette, tramezzini, sandwich, panini …

☐ _____ magari.
_____ come sono?

○ Con mozzarella e pomodoro o con prosciutto e formaggio.

☐ Allora _____.

○ Benissimo.

Poco dopo arriva il cameriere.

○ Ecco a Lei.

☐ Grazie. _____?

○ 7 euro e 50.

☐ Ecco qui. _____ il resto.

113

LEZIONE 2

14. C'è o ci sono?

a. Che gelati _____?

b. A Firenze _____ gli Uffizi.

c. Qui vicino _____ una discoteca.

d. In città _____ molti bar.

e. Fra due settimane _____ il Palio.

f. _____ un bar qui vicino?

15. Completate le tabelle con il singolare o il plurale dei sostantivi.

singolare	plurale
il _____	i posti
il fungo	i _____
il _____	i mesi
il locale	i _____
l' _____	gli insegnanti
il _____	i giornalisti
il toast	i _____
il _____	i caffè

singolare	plurale
la _____	le cartoline
la macchina	le _____
la _____	le discoteche
la settimana	le _____
l' _____	le insegnanti
la _____	le giornaliste
la _____	le baby-sitter
la _____	le città

a. Quali sostantivi formano il plurale in -*i*?
b. Quali formano il plurale in -*e*?
c. Quali restano invariati?

16. Inserite la forma opportuna.

a. Potrebbe portare un tè? Potrebbe portare due _____?

b. Vado in America per un _____. Vado in America per due mesi.

c. In città c'è un locale carino. In città ci sono molti _____ _____.

d. Franco è _____. Franco e Luisa sono insegnanti.

e. Un medaglione e una birra, per favore! Due _____ e due _____, per favore!

f. Abbiamo un _____. Abbiamo molti problemi.

g. Fra una settimana c'è il Palio. Fra tre _____ c'è il Palio.

h. Luisa è farmacista. Luisa e Anna sono _____.

17. Completate la coniugazione dei verbi al presente.

	io	tu	Lei lui / lei	noi	voi	loro
lavorare					lavorate	
mangiare		mangi		mangiamo		
pagare			paga	paghiamo		
prendere					prendete	
conoscere	conosco	conosci				conoscono
offrire						offrono
preferire			preferisce		preferite	
essere					siete	
avere						hanno
andare		vai		andiamo	andate	vanno
stare						stanno
fare				facciamo		fanno

a. Quali desinenze sono uguali nei verbi in *-are, -ere* e *-ire*? Dove ci sono delle differenze?

b. Quali particolarità ortografiche notate nei verbi *pagare* e *mangiare*?

c. Quale particolarità notate nella pronuncia di *conoscere*?

d. In che cosa differiscono *offrire* e *preferire*?

LEZIONE 2

18. Coniugate al presente i verbi fra parentesi.

a. Che cosa (fare) _____ la sera papà e mamma?

(Guardare) _____ la televisione.

b. Che lavoro (fare) _____ Gianni?

(Essere) _____ commesso.

c. Franco, (preferire) _____ mangiare un panino o un tramezzino?

Io (preferire) _____ un panino.

d. Laura e Franco (restare) _____ a casa?

No, (andare) _____ in discoteca.

e. Voi (essere) _____ di Milano?

No, _____ di Cremona, ma (abitare) _____ a Milano.

f. Dove (andare) _____ Bruno?

(Andare) _____ a lavorare.

g. Aldo e Gianni (studiare) _____ o (lavorare) _____?

Gianni (studiare) _____ medicina Aldo (lavorare) _____ in una banca.

h. Senti, io (avere) _____ fame, e tu?

Mah, io (essere) _____ stanco e (avere) _____ anche sete.

19. I genitori di Elke scrivono agli amici Marcello e Letizia. Completate la cartolina con i seguenti verbi.

andare – essere – essere – esserci – esserci – fare – prendere – restare – stare

Cari Letizia e Marcello,
come _____ ? Noi _____ in vacanza con Elke vicino ad Arezzo. Il posto _____ molto bello, ma per Elke forse un po' noioso. Per fortuna in città _____ molti locali, così lei tutte le sere _____ la macchina e _____ in centro, mentre noi _____ a casa.
Perché non _____ un salto qui anche voi, magari fra due settimane quando _____ la giostra del Saracino?
Un abbraccio
          Anna e Klaus

L. e M. Mondello

Via Francesco Nullo, 38

24100 Bergamo

20. Completate le frasi con *piacere* e il pronome necessario.

a. Mario, ____ _____ le patatine?

b. Signor Rossi, ___ _____ gli spinaci?

c. Prendo un vino rosso perché la birra non ____ _____.

d. Gli spaghetti con il tonno non ___ _____. Prendo un'insalata.

e. Allora Maria, ___ _____ il Bellini?

f. Signor Müller, ___ _____ la cucina italiana?

g. Vuoi un po' di zucchero nell'aranciata o ___ _____ amara?

LEZIONE 2

20   21. Che ore sono?

_____   _____   _____   _____

_____   _____   _____   _____

**22. Osservate negli esempi la posizione di *non*.
Completate poi le frasi alla forma negativa.**

> Franco *non* parla bene l'inglese.
> La birra *non* mi piace.

a. Monica sta bene. _____

b. Siamo inglesi. _____

c. Marcello lavora a Roma. _____

d. Il bar è caro. _____

e. In città ci sono molti ristoranti. _____

f. Ti piace il Bellini? _____

g. Io mi chiamo Mario. _____

h. Abbiamo sete. _____

i. Le patatine mi piacciono molto. _____

j. Siamo qui in vacanza. _____

23. Caffè e cappuccino

Prendere un caffè è un rito che gli italiani ripetono tante volte al giorno, a casa o al bar. La colazione non è colazione senza un caffè. Molti italiani non fanno colazione a casa e così alcuni bar offrono ai clienti abituali un abbonamento: dieci caffè o cappuccini al prezzo di nove.
In Italia dire caffè e dire espresso è la stessa cosa, ma esistono diversi tipi di caffè: ristretto, doppio, lungo, macchiato (con un po' di latte), corretto (con un po' di grappa, di cognac o di Fernet), ottimo dopo un pranzo abbondante. Per chi ha problemi di cuore c'è il caffè decaffeinato. Quando fa caldo, in molte regioni d'Italia è normale prendere un caffè freddo. Al sud in estate nei bar si prende la granita di caffè che è un gelato un po' particolare fatto solo con caffè ghiacciato. Con un po' di panna e con una brioche la granita è anche un modo simpatico per fare colazione al bar.

Vero o falso? v f

a. In alcuni bar i clienti fanno un abbonamento per il caffè o per il cappuccino. ☐ ☐

b. Ordinare un caffè o un espresso in Italia è la stessa cosa. ☐ ☐

c. Il caffè macchiato è un caffè con il cognac. ☐ ☐

d. In tutte le regioni italiane è normale fare colazione con una granita. ☐ ☐

24. Cruciverba

Completate lo schema. Nelle caselle evidenziate si leggerà il nome di un famoso caffè di Roma.

1. Un caffè con un po' più d'acqua.
2. Un caffè con il cognac.
3. Un caffè con poca acqua.
4. Un caffè con un po' di latte.
5. Due caffè in una tazza.

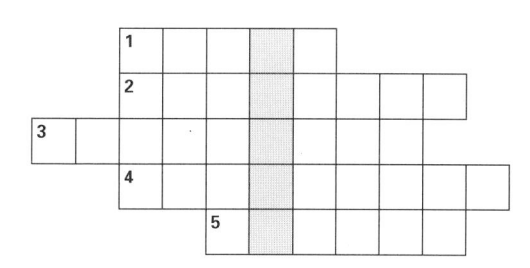

Grammatica

1. Numeri cardinali

0 zero	10 dieci	20 venti	21 ventuno
1 uno	11 undici	30 trenta	32 trentadue
2 due	12 dodici	40 quaranta	43 quarantatré
3 tre	13 tredici	50 cinquanta	54 cinquantaquattro
4 quattro	14 quattordici	60 sessanta	65 sessantacinque
5 cinque	15 quindici	70 settanta	76 settantasei
6 sei	16 sedici	80 ottanta	87 ottantasette
7 sette	17 diciassette	90 novanta	98 novan**to**tto
8 otto	18 diciotto	100 cento	99 novantanove
9 nove	19 diciannove		

- I numeri cardinali sono maschili (**il** tre = il numero tre).
- I numeri che terminano con *uno* e *otto* perdono la vocale finale della decina (cfr. ven**tu**no/ven**to**tto).

2. I verbi *avere* e *essere*

		avere			*essere*
(io)	**ho**	Ho un problema.	**sono**	Sono di Pisa.
(tu)	**hai**	Hai fame?	**sei**	Di dove sei?
(lui) (lei) (Lei)	**ha**	Mario ha sete. Rita ha 20 anni. Ha amici in Italia?	**è**	Questo è Franco. Questa è Luisa. Lei è francese?
(noi)	**abbiamo**	Abbiamo toast, pizze …	**siamo**	Siamo amici.
(voi)	**avete**	Avete anche paste?	**siete**	Siete tedeschi?
(loro)	**hanno**	Hanno fame?	**sono**	Dove sono i panini?

3. Presente dei verbi regolari

	abit*are*	**prend*ere***	**sent*ire***	**prefer*ire***
(io)	abit**o**	prend**o**	sent**o**	prefer**isco**
(tu)	abit**i**	prend**i**	sent**i**	prefer**isci**
(lui) (lei) (Lei)	abit**a**	prend**e**	sent**e**	prefer**isce**
(noi)	abit**iamo**	prend**iamo**	sent**iamo**	prefer**iamo**
(voi)	abit**ate**	prend**ete**	sent**ite**	prefer**ite**
(loro)	abit**ano**	prend**ono**	sent**ono**	prefer**iscono**

La sillaba tonica della 3ª pers. plur. è uguale a quella della 1ª pers. sing.: abito → abitano.

Nei verbi in *-care/-gare* la pronuncia della *c* e della *g* è sempre [k] / [g].
Per mantenere questa pronuncia, se seguono una *i* oppure una *e*, è necessario inserire una *h:*
cercare: cerco, cer**ch**i, ..., cer**ch**iamo ...
pagare: pago, pa**gh**i, ..., pa**gh**iamo ...

Nei verbi in *-gere* e *-scere* la pronuncia della *g* e di *sc* cambia in base alla vocale che segue (*o* oppure *i/e*).
leggere: leggo [-go], leggi [-ʤi], legge [-ʤe], ...
conoscere: conosco [-sko], conosci [-ʃi], conosce [-ʃe], ...

4. La negazione

La negazione *non* si trova sempre davanti al verbo (o al pronome).

> Il caffè **non** è caldo.
> Il caffè **non** mi piace.

Il contrario di *sì*, come già sapete, è *no*.

> Sei tedesco? **No**, sono austriaco.

5. C'è – ci sono

Questa espressione significa *essere in un posto, esistere*.

A Siena **c'è** il Palio.
A Siena **ci sono** molti locali.

C'è si usa con un sostantivo al singolare.
Ci sono si usa con un sostantivo al plurale
(si veda anche Lezione 4).

6. Formazione del plurale (sostantivi ed aggettivi), sintesi

	singolare		plurale
maschile	panino signore giornalista caffè bar	→ → → → →	panin**i** signor**i** giornalist**i** caffè bar
femminile	spremuta giornalista pensione città	→ → → →	spremut**e** giornalist**e** pension**i** città

▷ I sostantivi in *-o* ed *-e* formano il plurale in *-i*.

▷ I sostantivi maschili in *-a* formano il plurale in *-i*.

▷ I sostantivi femminili in *-a* formano il plurale in *-e*.

▷ I sostantivi che terminano con una consonante o che hanno l'accento sull'ultima sillaba restano invariati al plurale.

▷ Un plurale irregolare: *l'uovo* → *le uova*
Il sostantivo singolare è maschile, quello plurale è femminile.

▷ I nomi propri al plurale restano invariati:
il signor Colombo / i signori Colombo.

singolare	plurale
un cappuccino caldo →	due cappuccini cald**i**
una pizzetta calda →	due pizzette cald**e**
un gelato grande →	due gelat**i** grand**i**
una birra grande →	due birre grand**i**

Gli aggettivi in *-o/-a*, come *caldo/-a* formano il plurale in *-i* (maschile) e in *-e* (femminile). Gli aggettivi in *-e*, come *grande*, hanno un'unica forma plurale in *-i*, sia per il maschile che per il femminile.

7. L'articolo determinativo

	singolare	plurale
maschile		
davanti a consonante	**il** panino **il** signore	**i** panini **i** signori
davanti a *s* + consonante e a *z*	**lo** studente **lo** zero	**gli** studenti **gli** zeri
davanti a vocale	**l'** aperitivo	**gli** aperitivi
femminile		
davanti a consonante	**la** spremuta	**le** spremute
davanti a vocale	**l'** aranciata **l'** ordinazione	**le** aranciate **le** ordinazioni

8. Uso dell'articolo determinativo

«Da mangiare ci sono tramezzini, panini, pizzette …»	In un elenco di parole in genere l'articolo non si usa.
«Come sono i tramezzini?»	Si usa invece, quando il sostantivo è determinato.

9. Presente dei verbi irregolari *stare*, *fare*, *andare* e *bere*

	stare	*fare*	*andare*	*bere*
(io)	**sto**	**faccio**	**vado**	**bevo**
(tu)	**stai**	**fai**	**vai**	**bevi**
(lui) (lei) (Lei)	**sta**	**fa**	**va**	**beve**
(noi)	**stiamo**	**facciamo**	**andiamo**	**beviamo**
(voi)	**state**	**fate**	**andate**	**bevete**
(loro)	**stanno**	**fanno**	**vanno**	**bevono**

10. Preposizioni

Complementi di stato e moto con le preposizioni *a* e *in*

(a) Sono / resto **a** Roma.
Vado / torno **a** Roma.

Sono **al** bar.
Vado **al** bar.

Sono **al** lago di Garda.
Vado **al** lago di Garda.

(in) Sono / resto **in** Italia.
Vado / torno **in** Italia.

Sono **in** un bar.
Vado **in** un bar.

11. Espressioni

per piacere
per cortesia   Queste tre espressioni si usano
per favore   per chiedere gentilmente qualcosa.

| Per me, | per piacere
per favore
per cortesia | un caffè freddo. |

prego si usa quando si offre o si permette qualcosa, oppure in risposta al *grazie*.

Ecco la birra. Prego!
Grazie mille.
Prego!

12. *Piacere*

| Ti / Le **piace** la birra? |
| Ti / Le **piacciono** le patatine? |

La forma singolare *(piace)* o plurale *(piacciono)* dipende dal numero della persona/cosa a cui il verbo si riferisce.

LEZIONE 3

Ho una camera prenotata

1. Completate il dialogo con le seguenti parole.

> documento   chiave   momento   singola   passaporto
> bagno   prenotata   numero   esattamente

☐ Buongiorno. Ho una camera _____. Mi chiamo Angeletti.

○ Attenda un _____. Sì, una stanza _____

con _____ per due giorni.

☐ _____, per due giorni.

○ Ecco la _____. La camera è la _____ 45.

☐ Bene.

○ Ha un _____?

☐ Sì, ecco a Lei il _____.

2. Inserite le forme del verbo *dare*.

a. Noi _____ la chiave al portiere.

b. Tutte le camere che _____ sul cortile sono silenziose.

c. Un momento, signore, Le _____ subito la chiave della camera.

d. Per favore, Giorgio, _____ tu l'acqua alla bambina?

e. La camera 41 è rumorosa perché _____ sulla strada.

f. Per favore, _____ voi questa lettera a Franco?

(do)   (dà)   (diamo)   (date)   (dai)   (danno)

3. Completate gli aggettivi.

a. Vorrei una camera tranquill___.

b. È un albergo molto car___.

c. In città ci sono molt___ locali carin___.

d. Ho due camere prenotat___.

e. Ho un piccol___ problema.

f. La stanza dà sul cortile intern___.

g. Questa stanza non è molto grand___.

h. La camera 52 è all'ultim___ piano.

i. Sono di origine italian___.

j. C'è ancora una camera matrimonial___ liber___?

**4. Guardate i disegni.
Completate il testo con le preposizioni e le ore.**

Il signor Rossi fa colazione _____ _____ ,

lavora _____ _____ _____ _____ e

pranza _____ _____ _____ _____ .

_____ _____ guarda la televisione

e poi _____ _____ va a letto.

127

LEZIONE 3

5. Completate i dialoghi con i seguenti avverbi.

esattamente   assolutamente   eventualmente   certo

a. ☐ La Sua camera è la 52, vero?   ○ _____ , la 52.

b. ☐ _____ è possibile pagare con un assegno?   ○ _____! Non c'è problema.

c. ☐ Ho la macchina parcheggiata davanti all'albergo. Non so, dà fastidio?   ○ No, _____!

6. Inserite nelle frasi le seguenti preposizioni.

a   da   con   in   per

a. Vorrei una camera singola _____ bagno _____ tre giorni.

b. Il pranzo è _____ mezzogiorno alle due.

c. Scusi, _____ che ora è il pranzo?

d. Vorrei fare colazione _____ camera.

e. Mi dispiace, ma non è possibile pagare _____ la carta di credito.

7. Completate il testo.

Il signor Guerrini va _____ un albergo. Ha una _____ prenotata _____ quattro giorni.

È una singola _____ bagno. La camera è silenziosa perché non _____ sulla strada, ma _____ cortile interno. Il signor Guerrini domanda _____ che ora è la colazione e se la _____ parcheggiata davanti all'albergo _____ fastidio.

8. **Completate le frasi con *comunque*, *perché*, *se*.**

a. Per la macchina non c'è problema _____ c'è il garage.

b. Può fare colazione al bar o, _____ preferisce, anche in camera.

c. La stanza dà sulla strada, _____ non è rumorosa.

d. La camera è tranquilla _____ dà sul cortile.

e. _____ vuole, può pagare con un assegno.

9. **Qual è l'albergo ideale per il signor Rossi?**

«Cerco una camera in un piccolo albergo al mare dal 15 al 25 marzo. E voglio portare anche il mio gatto.»

Hotel Giglio
Firenze.
16 camere.
Bar. Aperto tutto l'anno. Ammessi piccoli animali. Parcheggio privato.

Albergo Regina
Rio Marina. (Elba)
20 camere. Bar. Ristorante. Piscina. Garage. Ammessi piccoli animali. Aperto da marzo a novembre.

Hotel Belvedere
Rimini.
120 camere.
Bar. Ristorante. Garage. Piscina. Aperto da maggio a ottobre.

Hotel Amalfi
Capri.
22 camere.
Bar. Ristorante. Spiaggia privata. Chiuso da novembre a aprile. Ammessi piccoli animali.

LEZIONE 3

10. Completate con l'aggettivo opportuno.

alt... – apert... – bass... – condizionat... – chius... – custodit... – mezz... – piccol... – privat...

a. L'albergo è _____ nel mese di febbraio.

b. C'è l'aria _____ in camera?

c. In questo albergo sono ammessi _____ animali.

d. Non abbiamo il garage, ma c'è un parcheggio _____.

e. La _____ pensione in _____ stagione è circa 120 euro e in _____ stagione 135 euro.

f. L'albergo ha anche una spiaggia _____.

g. L'hotel Bellavista è _____ tutto l'anno.

11. La signora Bratke vorrebbe prenotare una camera doppia dal 13 al 19 luglio e telefona all'hotel. Completate il dialogo.

Hotel Flora. Buongiorno.

_____
_____

Un momento … Sì, è possibile.

_____

140 euro compresa la prima colazione.

_____

Qual è il Suo nome?

_____

Come, scusi?

_____

Bratke. Benissimo.

_____

12. Qual è il contrario di *bello*?
Leggetelo nelle caselle evidenziate.

Qual è il contrario di ...

1. male
2. caldo
3. tranquillo
4. chiuso
5. primo
6. economico

13. Completate il testo.

Confermo come _____ telefonata _____ prenotazione di una _____ singola _____ 6 _____ 15 luglio c.a. Vi _____ di riservarmi una _____ tranquilla, possibilmente all'ultimo _____ e dalla _____ del cortile.

Cordiali _____.

Angelo Parisi

14. Inserite il nome dei mesi.

MARZO   NOVEMBRE   LUGLIO   AGOSTO   APRILE   DICEMBRE   FEBBRAIO   OTTOBRE   GIUGNO   MAGGIO   SETTEMBRE

Gennaio è il primo
_____ è il secondo
_____ è il terzo
_____ è il quarto
_____ è il quinto
_____ è il sesto   mese dell'anno.
_____ è il settimo
_____ è l'ottavo
_____ è il nono
_____ è il decimo
_____ è l'undicesimo
_____ è il dodicesimo

15. Coniugate al presente i verbi fra parentesi.

I conventi in Italia (essere) _____ da anni un'alternativa ad alberghi o a pensioni.

Suore e preti, per sostenere le alte spese di gestione degli edifici dove (vivere) _____, (offrire) _____ oggi ospitalità anche a viaggiatori di passaggio. All'arrivo i religiosi non (chiedere) _____ se gli ospiti (essere) _____ cattolici o no, ma solo di rispettare le abitudini del convento. Le camere monastiche (essere) _____ spesso di stile spartano, la colazione (essere) _____ semplice e a volte (esserci) _____ anche un orario di rientro da osservare. I prezzi delle camere sono però abbastanza bassi e i conventi (essere) _____ situati in zone tranquille o nel centro di bellissime città italiane. Vicino al lago di Garda, a S. Felice sul Benaco per esempio, (esserci) _____ il Monastero del Carmine. Questa casa (avere) _____ diverse sale comuni e una grande sala da pranzo dove gli ospiti (fare) _____ colazione, (pranzare) _____ e (cenare) _____. Molte camere (avere) _____ una bella vista sul lago. Al centro della casa (esserci) _____ un chiostro e sul retro un giardino con olivi. La chiesa (risalire) _____ al 1461 ed (avere) _____ bellissimi affreschi. A Cortona (esserci) _____ l'Istituto Santa Margherita. (Essere) _____ vicino al centro storico ed (avere) _____ anche un parcheggio interno. Quasi tutte le camere (avere) _____ il bagno e (essere) _____ anche confortevoli. Qui l'orario di rientro (essere) _____ libero. Le suore (essere) _____ molto ospitali e all'arrivo (dare) _____ agli ospiti la chiave del portone principale.

16. Completate con l'articolo indeterminativo e volgete i sostantivi al plurale.

un
una
un'

____ amico   _____
____ amica   _____
____ tedesco   _____
____ tedesca   _____
____ austriaco   due _____
____ austriaca   _____
____ albergo   _____
____ banca   _____

17. Completate con una preposizione semplice o articolata (preposizione + articolo).

a. Avete una camera _____ bagno _____ quattro giorni?

b. La camera numero 12 è ____ primo piano, la numero 53 è _____ ultimo piano.

c. La camera è tranquilla perché dà _____ cortile interno.

d. La colazione è _____ 7.30 _____ 10.00.

e. Il pranzo è ____ mezzogiorno _____ una e mezza.

f. La cena è _____ otto _____ dieci.

18. Completate con le preposizioni.

a. Vivo ___ Brasile, ___ San Paolo e sono ___ origine italiana.

b. Io lavoro ___ un liceo vicino ___ Napoli.

c. Il mese prossimo parto ___ la Germania.

d. Vorrei qualcosa ___ mangiare.

e. La sera vado ___ centro ___ ballare.

f. Ho una camera prenotata ___ quattro giorni.

g. Come ___ telefonata, confermo la prenotazione ___ una camera singola.

133

LEZIONE 3

19. Dovete pagare con un assegno. Scrivete le cifre in lettere.

€ 104 _____

€ 710 _____

€ 345 _____

€ 217 _____

€ 1262 _____

€ 2298 _____

20. Leggete il seguente testo e rispondete poi alle domande.

HOTEL
MARCHI
RISTORANTE
38062 ARCO (Trento)
Via Ferrera, 22 - Tel. (0464) 517171

Hotel Marchi – Ristorante

È condotto in proprio dalla famiglia Del Grande sin dal 1946. Completamente rinnovato nelle sue strutture, situato nel centro storico, offre un ambiente curato e confortevole: tutte le camere sono dotate di bagnodoccia, servizi, telefono, televisore e filodiffusione. La cucina, conosciuta per la sua genuinità, è una tradizione dell'hotel Marchi assieme al famoso «Rosatello» prodotto direttamente dai vigneti di proprietà.

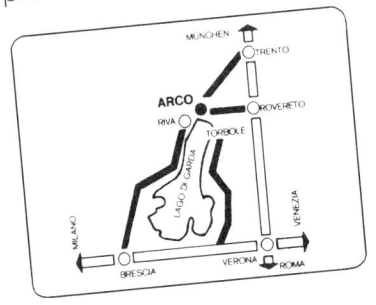

a. Come si chiama la famiglia che ha l'albergo?
b. Da quanto tempo questa famiglia ha l'albergo?
c. Dov'è l'hotel Marchi?
d. Che cosa c'è nelle camere?
e. Come si chiama il vino prodotto dai proprietari dell'albergo?

Grammatica

1. Numeri cardinali

100	cento		
101	centouno (cent**u**no)	200	duecento
102	centodue	250	duecentocinquanta
108	centootto (cent**o**tto)	300	trecento
109	centonove	380	trecen**to**ttanta
1.000	mille	1.001	milleuno / mille e uno
		1.008	milleotto
2.000	duemila	2.350	duemilatrecentocinquanta
10.000	diecimila	50.000	cinquantamila
1.000.000	un milione	1.000.000.000	un miliardo
2.000.000	due milioni	3.000.000.000	tre miliardi

Attenzione:

⇨ Ad eccezione di *uno* e *mille* i numeri cardinali restano invariati. *Uno* seguito da un sostantivo si comporta come l'articolo indeterminativo. *Mille* al plurale fa *mila*.

⇨ Cento rimane invariato, *milione* e *miliardo* al plurale fanno *milioni* e *miliardi*.

2. Numeri ordinali

I numeri ordinali sono degli aggettivi e quindi concordano in genere e in numero con la parola a cui si riferiscono. Per es.: **il** prim**o** piano, **la** prim**a** lezione.

1°	**primo**	6°	**sesto**	11°	**undicesimo**
2°	**secondo**	7°	**settimo**	12°	**dodicesimo**
3°	**terzo**	8°	**ottavo**	20°	**ventesimo**
4°	**quarto**	9°	**nono**	100°	**centesimo**
5°	**quinto**	10°	**decimo**	1000°	**millesimo**

3. Modi di dire con il verbo *fare*

Oltre al suo significato base, il verbo *fare*, se abbinato a determinate parole, può assumere diversi significati, come nel modo di dire **fare colazione**.

Altri importanti modi di dire sono:

fare una telefonata a ... = telefonare a

fare un'interurbana = telefonare fuori città

fare un salto = fare una breve visita

4. Il verbo *dare*

Le do la chiave.

Il signor Romano dà la patente alla receptionist.

La camera dà sul cortile.

	dare
(io)	**do**
(tu)	**dai**
(lui) (lei) (Lei)	**dà**
(noi)	**diamo**
(voi)	**date**
(loro)	**danno**

5. La formazione del plurale dei sostantivi in *-ca/-ga* e *-co/-go*

I sostantivi *femminili* in *-ca* e in *-ga* formano il plurale sempre in *-che* e rispettivamente in *-ghe*.

-ca → -che	l' ami**ca** → le ami**che**
-ga → -ghe	la colle**ga** → le colle**ghe**

I sostantivi *maschili* in *-co* e in *-go* formano il plurale o in *-chi* / *-ghi* o in *-ci* / *-gi*.

L'accento è sulla penultima sillaba: -co → -chi -go → -ghi (Eccezione, per es.: l'ami*co* – gli ami*ci*)	il tede**sco** – i tede**schi** l'alber**go** – gli alber**ghi**
L'accento è sulla terzultima sillaba: -co → -ci -go → -gi (Eccezione, per es.: il dialo*go* – i dialo*ghi*)	l'austria**co** – gli austria**ci** il biolo**go** – i biolo**gi**

6. La data

Per esprimere la data si usano in italiano i numeri cardinali (quindi *due, tre, quattro* ecc.). Solo per il primo giorno del mese si dice **primo** (per es.: *1° maggio = il primo maggio*).

In una lettera la data si può scrivere: Milano, 23 novembre 2002

Milano, 23/11/2002

Nomi dei mesi:			
gennaio	**aprile**	**luglio**	**ottobre**
febbraio	**maggio**	**agosto**	**novembre**
marzo	**giugno**	**settembre**	**dicembre**

7. Preposizioni

In italiano le preposizioni si possono fondere con l'articolo determinativo. Osservate le seguenti combinazioni.

La camera dà …	*sulla* strada. *sul* cortile.	su + la = **sulla** su + il = **sul**	
La camera è …	*al* quarto piano. *all'*ultimo piano.	a + il = **al** a + l' = **all'**	
Posso fare una telefonata *dalla* camera?		da + la = **dalla**	
Vorrei prenotare una camera *dal*[1] 3 *al* 5 marzo.		da + il = **dal** a + il = **al**	
La colazione è *dalle*[2] 8.00 *alle* 9.00.		da + le = **dalle** a + le = **alle**	

[1] Qui l'articolo *il* si riferisce a *giorno*.
[2] Qui l'articolo *le* si riferisce a *ore*.

8. Frasi infinitive

Alcuni verbi ed espressioni si uniscono direttamente all'infinito, senza bisogno di preposizioni. Osservate.

Vorrei andare in camera.

Vuoi assaggiare?

Potrebbe portare un portacenere?

Altri invece sono seguiti da una preposizione.

Che cosa avete **da** mangiare?

Vado **a** ballare.

Vado a Firenze **per** frequentare un corso.

Dopo espressioni impersonali come *è possibile*, formate cioè dal verbo *essere* + *aggettivo*, l'infinito non è preceduto dalla preposizione.

È possibile *fare* colazione in camera?

Non **è possibile** *pagare* con la carta di credito.

LEZIONE 4

Senta, scusi!

1. Formate un dialogo.

> Mi può dire dov'è Piazza Navona?
>
> La ringrazio.
>
> Scusi, permette una domanda?

> Prego. Dica.
>
> Prego. Non c'è di che.
>
> Mi dispiace, non sono di qui. Ma guardi, lì c'è un vigile, lui lo sa senz'altro.

2. Quali edifici corrispondono alle lettere del disegno?

a. Il supermercato è di fronte alla scuola.
b. Il cinema è accanto al supermercato.
c. La farmacia è accanto alla trattoria.
d. La fermata dell'autobus è davanti al cinema.
e. L'edicola è di fronte alla stazione.
f. Il bar è accanto alla stazione.
g. La chiesa è di fronte alla banca.
h. La banca è accanto al museo.

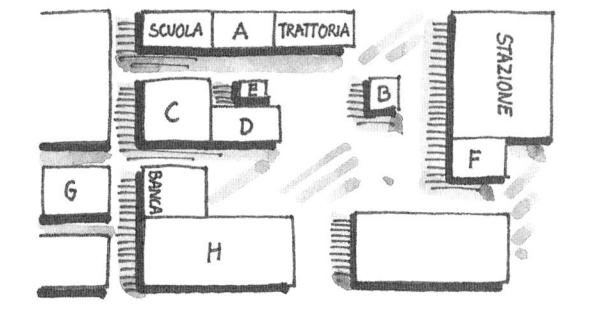

A = _____

B = _____

C = _____

D = _____

E = _____

F = _____

G = _____

H = _____

LEZIONE 4

3. Completate i dialoghi con *al, alla, all'*.

a. ■ C'è un autobus per andare _____ Museo Egizio?
   ● Sì, c'è il 64. La fermata è lì, di fronte _____ albergo.

b. ■ Per andare _____ Teatro Olimpico devo scendere qui?
   ● No, non qui, _____ prossima fermata.

c. ■ Senta, io vorrei andare _____ Colosseo. È lontano?
   ● Beh, un po' sì. Comunque c'è la metropolitana, lì _____ stazione.

d. ■ Scusi, c'è una farmacia qui vicino?
   ● Sì, guardi, proprio lì, accanto _____ bar.

e. ■ Scusi, sa dov'è la polizia?
   ● È lì, di fronte _____ distributore.

4. Completate con *ci* e il presente di *andare*, *restare* e *tornare*.

> Questo ristorante mi piace: *ci torno* anche domani.

a. Siamo in Italia e _____ ancora due settimane.
b. Oggi non ho voglia di andare al museo, _____ domani.
c. Quest'albergo mi piace: _____ ancora due notti.
d. Franco e Carla sono al mare e _____ fino a domenica.
e. Abbiamo una casa a Bardolino e _____ tutte le domeniche.
f. Stiamo bene in quest'albergo, vero? _____ anche in settembre?

5. *C'è/ci sono* oppure *è/sono*? Leggete il modello e completate le frasi.

> La fermata della metropolitana **è** in Via Garibaldi.

> In Via Garibaldi **c'è** la fermata della metropolitana.

> I giardini pubblici **sono** lì, accanto al ponte.

> Lì, accanto al ponte, **ci sono** i giardini pubblici.

a. La fermata del 12 _____ di fronte alla scuola.

Di fronte alla scuola _____ la fermata del 12.

b. Lì a destra _____ due banche.

Le due banche _____ lì a destra.

c. Le cabine telefoniche _____ sulla piazza.

Sulla piazza _____ le cabine telefoniche.

d. Di fronte al cinema _____ un supermercato.

Il supermercato _____ di fronte al cinema.

e. Il cinema Lux _____ accanto alla posta.

Accanto alla posta _____ il cinema Lux.

6. Completate i dialoghi con *lo, la, li, le*.

a. □ È lontano l'ufficio del turismo?
  ○ No, Lei va avanti fino a quella piazza e poi _____ vede subito.

b. △ Andiamo a vedere i Musei Vaticani?
  □ No, oggi no, _____ visitiamo domani.

c. ● Vuoi una birra anche tu?
  ▪ Sì, _____ prendo anch'io.

d. □ Scusi, sa che ore sono?
  ▲ Mi dispiace, non _____ so.

e. ▪ Chi prenota le camere in albergo?
  △ _____ prenoto io.

f. ○ Conosci Marta e Silvia?
  ● No, non _____ conosco.

LEZIONE 4

7. Completate il dialogo con la forma opportuna dei seguenti verbi.

> andare   arrivare   attraversare   potere
> essere   sapere
> vedere   prendere   volere   andare

● Scusi, mi _____ dare un'informazione?

○ Certo, dica!

● _____ andare al museo di arte moderna. _____ dov'è?

○ Sì, Lei ora _____ fino al distributore. Lì _____ la prima strada a sinistra e _____ a una piazza, la _____ , poi _____ a sinistra e il museo d'arte moderna _____ lì, lo _____ subito.

8. Qual è l'intruso?

a. museo – piazza – via – traversa
_____

b. autobus – fermata – metropolitana – tram
_____

c. bar – edicola – trattoria – ristorante
_____

d. angolo – incrocio – semaforo – strada
_____

e. a destra – dritto – a sinistra – sempre
_____

9. Guardate la piantina. Quali parole mancano nel testo?

Caro Stefano,

ecco come puoi arrivare dalla stazione a casa mia. Allora, quando arrivi, per prima cosa devi prendere l'autobus, il 38, e devi scendere a piazza Armenia. Lì vai dritto e arrivi a un _____ che è proprio all' _____ con via Raimondi. Qui giri a destra e continui dritto fino al secondo _____; giri a _____: dopo pochi metri c'è una piazza; tu la vedi subito. Vai ancora dritto e arrivi in via Romagna, dove abito io. La mia casa è al numero 35, comunque la vedi subito perché è proprio _____ ad una chiesa.

A domani
Marina

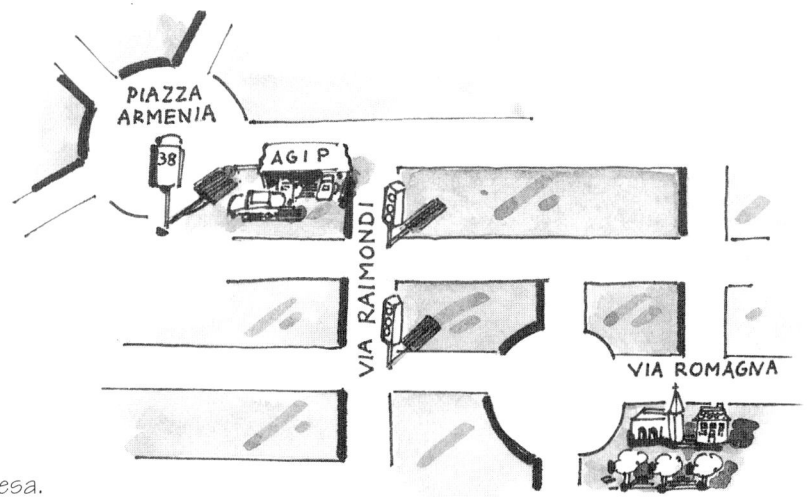

142

10. Completate con le preposizioni.

a. Mi dispiace, non sono ___ qui.

b. Andiamo ___ piedi o ___ autobus?

c. Lei gira ___ destra e poi arriva ___ una piazza.

d. Il museo è ___ fondo ___ questa strada.

e. Il supermercato è lì ___ sinistra.

f. Lì c'è un poliziotto, chieda ___ lui.

11. Aiutate l'archeologo a ricostruire le colonne.

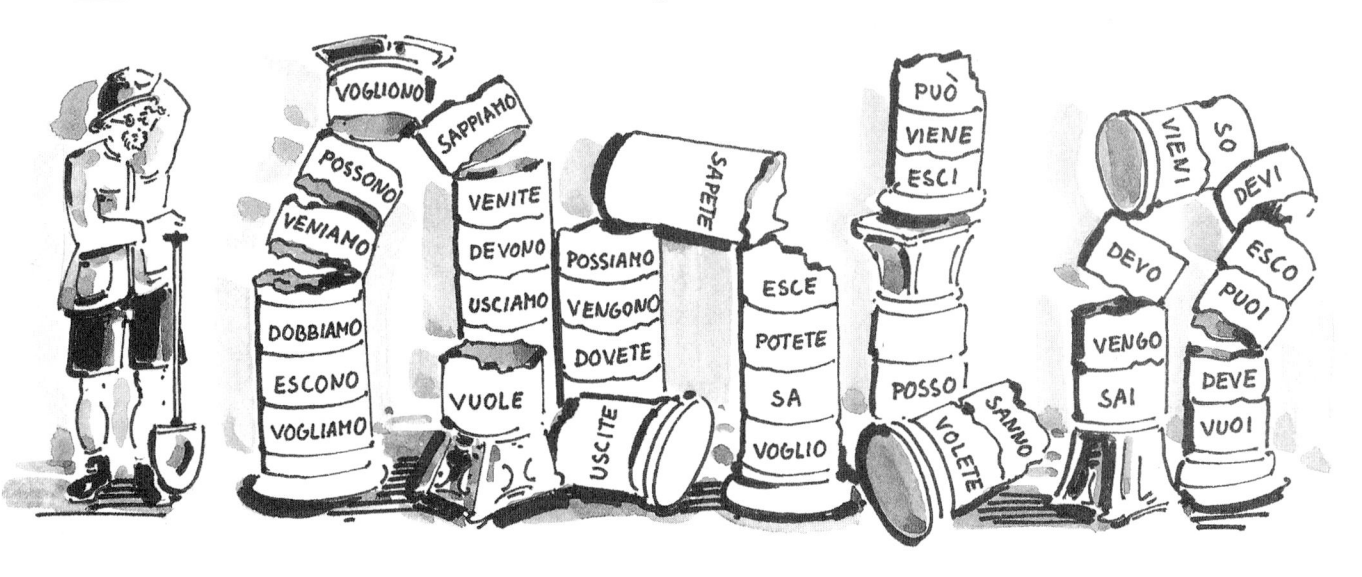

	POTERE	DOVERE	VOLERE	SAPERE	VENIRE	USCIRE
io	_____	_____	_____	_____	_____	_____
tu	_____	_____	_____	_____	_____	_____
lui lei Lei	_____	_____	_____	_____	_____	_____
noi	_____	_____	_____	_____	_____	_____
voi	_____	_____	_____	_____	_____	_____
loro	_____	_____	_____	_____	_____	_____

LEZIONE 4

12. Completate con il presente dei verbi *volere*, *potere* e *dovere*.

a. Scusi, dove (io) _____ scendere per Piazza di Spagna?

b. Mi dispiace, ma stasera io e Maria proprio non _____ venire.

c. Franco e Sergio non _____ andare in vacanza perché _____ lavorare.

d. Noi non _____ venire alla festa domenica. Lunedì abbiamo un esame e _____ studiare anche sabato e domenica.

e. Paolo, _____ un caffè?

f. Che cosa _____ i bambini? Un gelato o un dolce?

g. Domenica (voi) _____ studiare ancora?

h. (Voi) _____ venire al cinema con noi?

i. Mi dispiace, ma io non _____ venire. _____ finire un lavoro.

j. Scusi, signora, mi _____ dare un'informazione?

k. Mi dispiace, signora, ma non abbiamo più camere singole. _____ una camera matrimoniale?

l. Giorgio e Luisa non _____ venire al cinema, preferiscono restare a casa.

13. Completate i dialoghi con il presente di *sapere*, *venire* e *uscire*.

a. Franco, _____ tardi stasera dall'ufficio?   No, oggi _____ alle cinque.

b. Signora, _____ che ore sono?   Mi dispiace, non lo _____: non ho l'orologio.

c. _____ al cinema con noi anche Bianca e Sofia?   No, stasera loro _____ con la signora Chiarini.

d. Scusate, _____ dov'è la fermata del 59?   No, non lo _____ perché non siamo di qui.

e. Dottor Sarti, _____ anche Lei al bar?   Sì, un attimo, _____ subito!

144

14. Completate le tabelle.

aggettivo	avverbio
_____	assolutamente
tranquillo	_____
_____	diversamente
_____	tipicamente
diretto	_____
_____	certamente
esatto	_____
vero	_____

aggettivo	avverbio
elegante	_____
facile	_____
_____	difficilmente
normale	_____
generale	_____
_____	ugualmente
possibile	_____
_____	regolarmente

a. Come formiamo l'avverbio?
b. Quali sono i modi per formarlo?

15. Aggettivo o avverbio? Completate.

a. La Galleria Spada è un tipic_____ esempio di antica galleria privata.

b. L'albergo Salvi è molto tranquill_____.

c. In Italia i musei normal_____ sono chiusi il lunedì.

d. I negozi hanno orari divers_____.

e. In piazza Mazzini si può parcheggiare facil_____.

f. Mario parla perfett_____ il tedesco.

g. Questa piazza è ver_____ bella.

h. General_____ l'orario della colazione è dalle sette alle nove.

16. *Buono* (-a/i/e) oppure *bene*?

a. Questo tramezzino è proprio _____.

b. _____ sera, signora, come sta?

c. Sto abbastanza _____, grazie.

d. Sono _____ le pizzette?

e. In questa stanza dormo proprio _____.

f. All'albergo Sole la colazione è proprio _____.

g. Sono _____ i tramezzini?

h. Questo ristorante non è _____, andiamo in un altro.

LEZIONE 4

17. Completate la tabella.

	il	lo	la	l'	i	gli	le
a	al	allo	alla	all'	ai	agli	alle
da	dal				dai		
di		dello				degli	
in			nella				nelle
su				sull'			

18. Completate con le preposizioni articolate.

a + articolo

a. I negozi aprono _____ nove e chiudono _____ una.

b. La fermata è di fronte _____ giardini pubblici.

c. La stazione è accanto _____ ufficio postale.

d. Per andare _____ zoo che autobus devo prendere?

e. La camera 21 è _____ secondo piano.

di + articolo

a. Scusi, dov'è la fermata _____ autobus?

b. Ecco la chiave _____ camera.

c. La biglietteria _____ Arena è ancora aperta.

d. La piazza _____ mercato è lì a destra.

su + articolo

a. La camera è tranquilla perché dà _____ cortile.

b. Guarda, lì c'è un bar, _____ piazza.

c. La mia casa è la seconda _____ destra.

d. La colazione è _____ tavolo.

da + articolo

a. Cerco una baby sitter _____ mese di marzo.

b. _____ centro a casa mia sono solo 10 minuti a piedi.

c. I negozi sono chiusi _____ una alle tre.

d. Il museo è aperto _____ nove a mezzogiorno.

e. Conosco Franco _____ anni dell'università.

in + articolo

a. _____ frigorifero c'è una bottiglia di spumante.

b. _____ camera numero 45 ci sono tre letti.

c. _____ alberghi al mare non ci sono camere libere.

d. L'albergo è chiuso _____ mesi di febbraio e di novembre.

e. _____ grandi città alcuni negozi hanno l'orario continuato.

19. Completate con *tutto* + l'articolo determinativo oppure *ogni*.

a. _____ giorno Franco prende l'autobus alle 8.15.

b. _____ negozi oggi sono chiusi.

c. _____ settimana andiamo al corso d'italiano.

d. _____ mattine faccio colazione al bar.

e. _____ sabato vado al cinema.

f. _____ camere sono silenziose.

g. _____ domenica vado in chiesa.

h. _____ mattina faccio mezz'ora di jogging.

20. Completate le frasi.

a. Per arrivare _____ albergo Belvedere andate _____
al semaforo e poi _____ a destra. _____
dritto e dopo circa cinquanta metri _____ vedete.

b. La Chiesa di S. Filippo è _____ vicino. Deve _____ la prima
strada a sinistra, poi va dritto per venti metri e, _____ angolo
con Via Mazzini, _____ ancora a sinistra. La chiesa è lì, _____
vede subito.

c. La mattina i negozi sono aperti generalmente _____ 9.00 _____ 13.00.
Il _____ aprono _____ 16.00 e _____ _____ 20.00.
La Standa* invece ha l'orario _____.

d. La domenica _____ le edicole sono _____ perché quasi tutti
i _____ in Italia escono _____ giorno.

* Standa = un grande magazzino

147

LEZIONE 4

21. Leggete il testo e rispondete poi alle domande.

La Galleria Spada

Aperta al pubblico nel 1927, la Galleria Spada raccoglie le opere provenienti dalle collezioni dei cardinali Bernardino (1594 – 1661) e Fabrizio Spada (1643 – 1717) e da quelle dei principi Virgilio (1546 – 1662) e Orazio (1613 – 1687) membri della stessa famiglia. La Galleria, che si compone di quattro sale, è situata al primo piano del palazzo, fatto costruire dal cardinale Girolamo Capodiferro (1502 – 1559) a partire dalla fine del 1548. Terminato nel 1550 e acquistato un secolo più tardi dal già nominato cardinale Bernardino, l'edificio appartiene allo Stato Italiano dal 1926. All'interno della Galleria, esempio superstite di una pinacoteca antica, si possono ammirare, oltre a numerosi dipinti di età rinascimentale e barocca, splendidi mobili e magnifici arredi antichi.
Al piano terra è la celebre galleria prospettica, ideata e realizzata da Francesco Borromini tra il 1652 e il 1653, che, con i suoi nove metri scarsi, dà l'impressione di essere quattro volte più lunga.
La prospettiva, più della pinacoteca, purtroppo poco conosciuta, è un costante richiamo per turisti italiani e stranieri.

    a. Chi è il proprietario del Palazzo e della Galleria Spada?
    b. Cosa contiene la Galleria, oltre alla collezione di dipinti?
    c. Che cos'ha di particolare la galleria prospettica di Francesco Borromini?

Grammatica

1. Presente dei verbi irregolari

	volere	*potere*	*dovere*	*sapere*
(io)	**voglio**	**posso**	**devo**	so
(tu)	**vuoi**	**puoi**	**devi**	sai
(lui) (lei) (Lei)	**vuole**	**può**	**deve**	sa
(noi)	**vogliamo**	**possiamo**	**dobbiamo**	sappiamo
(voi)	**volete**	**potete**	**dovete**	sapete
(loro)	**vogliono**	**possono**	**devono**	sanno

2. *Esserci*

Come già detto nella lezione 2 questo verbo significa *esistere, essere in un posto*.

C'è si usa quando segue un sostantivo singolare, **ci sono** si usa quando segue un sostantivo plurale.

| A destra **c'è** una strada. | A sinistra **ci sono** due fontane. |

Osservate i seguenti esempi:
Il bar *è lì*, a destra.   (*soggetto + è + avverbio di luogo*)
Lì a destra **c'è** un bar.   (*avverbio di luogo + c'è + soggetto*)
Guarda, **c'è** *un bar lì*, a destra.   (*c'è + soggetto + avverbio di luogo*)

In modo analogo:
Le cabine telefoniche *sono* in piazza.
In piazza **ci sono** le cabine telefoniche.
Ci sono due cabine telefoniche in piazza.

3. Posizione del pronome atono

Mi può dare / Può dar**mi** | un'informazione?

Mi sa dire / Sa dir**mi** | dov'è la Galleria Spada?

I pronomi atoni (qui *mi*) si trovano di norma davanti al verbo coniugato. In presenza di un verbo servile (come *sapere, potere* ecc.) i pronomi atoni possono stare davanti al verbo servile o si uniscono all'infinito del verbo principale.

4. I pronomi diretti: *lo, la, li, le*

Palazzo Spada è lì, **lo** vede. = (il palazzo)
(masch. sing.)

La chiesa è lì, **la** vede. = (la chiesa)
(femm. sing.)

I musei sono lì, **li** vede. = (i musei)
(masch. plur.)

Le terme sono lì, **le** vede. = (le terme)
(femm. plur.)

➪ Questi pronomi sostituiscono un complemento oggetto e devono concordare in genere (femminile/maschile) e in numero (singolare/plurale) con l'oggetto stesso.

➪ **Lo** può sostituire un'intera frase:
– Sa dove sono i Musei Vaticani?
– Mi dispiace, non **lo** so.

Il pronome **La** (scritto maiuscolo) si usa nella forma di cortesia:
La ringrazio. Arriveder**La**.
Attenzione: *ringraziare* regge in italiano il complemento oggetto!
La ringrazio.

5. La particella avverbiale *ci*

Ci sostituisce un luogo citato in precedenza.
Ci *può andare in autobus.*

6. Presente dei verbi *venire* e *uscire*

	venire	*uscire*
(io)	**vengo**	**esco**
(tu)	**vieni**	**esci**
(lui) (lei) (Lei)	**viene**	**esce**
(noi)	**veniamo**	**usciamo**
(voi)	**venite**	**uscite**
(loro)	**vengono**	**escono**

7. Fusione delle preposizioni con l'articolo determinativo

La fermata è di fronte **all'**edicola.	(a + l' = **all'**)
L'ufficio **del** turismo è lì.	(di + il = **del**)
Oggi esco tardi **dall'**ufficio.	(da + l' = **dall'**)
Nei luoghi turistici i negozi spesso sono aperti anche la domenica.	(in + i = **nei**)
La mia casa è la seconda **sulla** destra.	(su + la = **sulla**)

	il	l'	lo	la	i	gli	le
a	al	all'	allo	alla	ai	agli	alle
di	del	dell'	dello	della	dei	degli	delle
da	dal	dall'	dallo	dalla	dai	dagli	dalle
in	nel	nell'	nello	nella	nei	negli	nelle
su	sul	sull'	sullo	sulla	sui	sugli	sulle

8. Aggettivo e avverbio

Notate la differenza:

L'orario degli uffici postali va **normalmente** dalle 8.00 alle 14.00.
Le edicole seguono l'orario **normale** dei negozi.

Nella prima frase si vuole esprimere in che modo *succede* qualcosa
(**normalmente** = avverbio), nella seconda come *è* qualcosa (**normale** = aggettivo).
Gli avverbi si aggiungono a un verbo, un aggettivo, ad un altro avverbio
o ad intere frasi per modificarne, qualificandolo o determinandolo, il significato.
Gli aggettivi si aggiungono invece a un nome per precisarne una qualità o una
caratteristica. In italiano gli avverbi hanno spesso una forma propria, derivata in genere
dall'aggettivo qualificativo alla forma femminile singolare + il suffisso *-mente*. Gli avverbi
sono invariabili.

aggettivo				avverbio
maschile		*femminile*		
tranquillo	→	tranquill**a**	→	tranquillamente
tipico	→	tipic**a**	→	tipicamente
freddo	→	fredd**a**	→	freddamente

Agli aggettivi in *-e* il suffisso *-mente* va unito
direttamente.

elegante ⟶ elegante**mente**

Gli aggettivi in *-le* e *-re* perdono la *-e*
davanti al suffisso *-mente*.

normale ⟶ normal**mente**
regolare ⟶ regolar**mente**

Alcuni avverbi hanno una forma propria.

buono ⟶ **bene**
cattivo ⟶ **male**

È **buono** il tramezzino?
Oggi sto **bene**.

Molto può avere la funzione sia di aggettivo
(in tal caso concorda con il sostantivo a cui si
riferisce) che di avverbio (in questo caso
rimane invariato).

A Roma ci sono **molti** musei.
Il posto è **molto** bello.
Roma mi piace **molto**.

9. Gli indefiniti *ogni* e *tutto*

Le edicole sono aperte **ogni** giorn**o**.
Le edicole sono aperte **tutti i** giorn**i**.

Ogni è un aggettivo invariabile che precede un sostantivo singolare.

Spesso *ogni* può essere sostituito da *tutti / tutte + articolo determinativo*.
In questo caso il sostantivo che segue va al plurale.

Notate la differenza:

ogni giorno = tutti i giorni
tutto il giorno = tutta la giornata, il giorno intero

10. Preposizioni

Osservate l'uso delle seguenti preposizioni:

a	La fermata è accanto **all'**edicola.	(*accanto a*)
	Il cinema è di fronte **al** bar.	(*di fronte a*)
	La fermata è davanti **alla** banca.	(*davanti a*)
	Lei va dritto fino **al** semaforo …	(*fino a*)
su	**Sulla** destra vede il museo.	(*sulla destra*)

LEZIONE 5

Ho saputo che hai fatto un viaggio

1. Quali verbi si coniugano con *essere*? Quali con *avere*? Scrivete il loro participio passato.

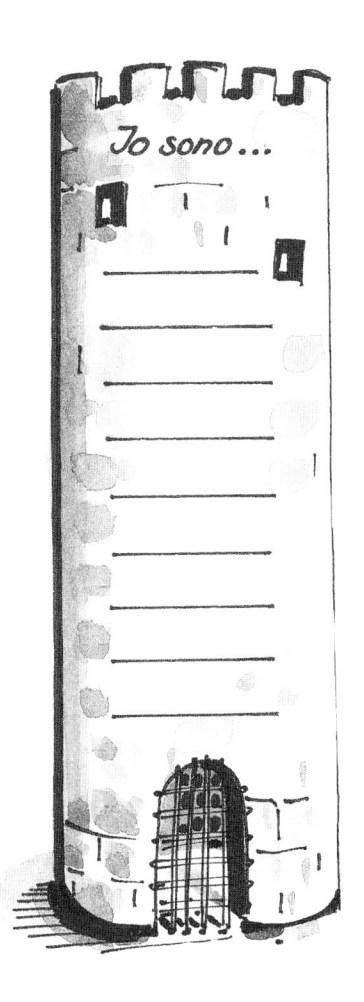

Io sono...

Io ho...

andare   arrivare
avere   capire
conoscere   essere
fare   prendere
lavorare   parlare
partire   preferire
restare   tornare
stare   uscire

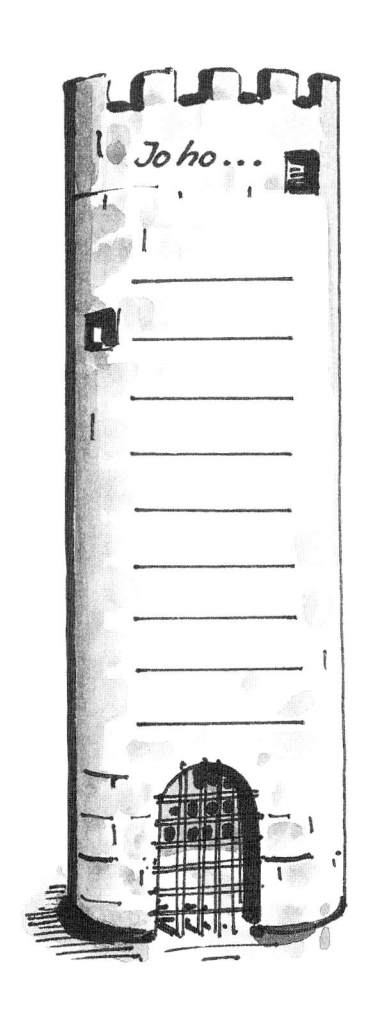

2. Formate delle frasi.

Tu	ho guardato	l'aereo?
Stefania	è tornato	un viaggio.
Noi	abbiamo frequentato	la televisione.
Ugo e Pia	è stata	a Piero?
Mario	hanno fatto	ieri sera.
Voi	hai telefonato	a Venezia.
Io	avete preso	un corso d'inglese.

3. Completate con il *passato prossimo* dei verbi tra parentesi.

a. Io *(andare)* _____ _____ a Roma e *(visitare)* _____ _____ i Musei Vaticani.

b. Hans *(essere)* _____ _____ a Firenze e *(studiare)* _____ _____ l'italiano.

c. Maria *(restare)* _____ _____ ancora una settimana a Firenze e *(conoscere)* _____ _____ Luciana.

d. Noi *(partire)* _____ _____ ieri sera e *(arrivare)* _____ _____ oggi.

e. Rita e Alberto *(trovare)* _____ _____ un volo a prezzo speciale e *(andare)* _____ _____ alle Maldive.

f. È vero che *(tu-andare)* _____ _____ a Parigi e che *(frequentare)* _____ _____ un corso di francese?

4. Marco e Sara parlano delle loro vacanze. Completate il testo con il *passato prossimo* dei verbi tra parentesi.

L'estate scorsa noi *(essere)* _____ _____ a Venezia. *(Partire)* _____ _____ alla fine di luglio e *(restare)* _____ _____ lì due settimane.

Prima di partire *(prenotare)* _____ _____ una camera in un albergo vicino a Piazza S. Marco.

Quando *(arrivare)* _____ _____, *(andare)* _____ _____ subito in albergo. Poi *(mangiare)* _____ _____ in una trattoria tipica.

(Visitare) _____ _____ le chiese e i musei e *(vedere)* _____ _____ moltissime altre cose.

LEZIONE 5

**5. Cosa hanno fatto gli studenti durante le vacanze.
Che cosa dice ognuno di loro?**

a. _____ andare a Parigi
   _____ frequentare un corso di francese

b. _____ andare in montagna
   _____ restare lì per due settimane

c. _____ non partire
   _____ lavorare in un negozio

d. _____ restare a casa
   _____ lavorare in giardino

e. _____ andare a Venezia
   _____ incontrare gli ex compagni di scuola

f. _____ restare in città
   _____ studiare per l'esame

6. Inserite *delle, dei* e *degli*.

a. Al bar Globo fanno _____ tramezzini molto buoni.

b. Ho _____ amici in Italia.

c. Mario cucina _____ spaghetti favolosi.

d. Abbiamo visto _____ città interessanti.

e. Abbiamo visitato _____ chiese molto belle.

f. Ho conosciuto _____ persone simpatiche.

g. In Piemonte abbiamo comprato _____ tartufi e _____ bottiglie di Barolo.

7. Fate delle domande con *quando, che cosa, dove* o *come*.

a. _____?
 ❏ Siamo partiti ieri sera.

b. _____?
 ❏ Abbiamo visto dei posti bellissimi.

c. _____?
 ❏ Sono stato in Liguria.

d. _____?
 ❏ Le vacanze sono state bellissime.

e. _____?
 ❏ Ho visto il museo d'arte romana.

f. _____?
 ❏ Abbiamo passato le vacanze al mare.

g. _____?
 ❏ Carla è ritornata ieri sera.

h. _____?
 ❏ Ci sono andate in macchina.

8. Fate delle frasi secondo il modello.

> io – mangiare in un ristorante cinese
> Non ho mai mangiato in un ristorante cinese.

lui – studiare il tedesco
_____

lei – andare in Spagna
_____

voi – prendere l'aereo
_____

loro – essere in America
_____

io – vedere il Palio di Siena
_____

noi – fare l'autostop
_____

Mario – essere a casa mia
_____

tu – capire la matematica

LEZIONE 5

9. La settimana scorsa è stata proprio brutta per Beppe! Completate il racconto secondo il modello usando i seguenti verbi.

capire   fare   fotografare   ordinare   comprare   vedere   mangiare

Domenica ho telefonato a una mia amica tedesca, ha risposto la madre e io *non ho capito niente*.

a. Lunedì sono andato al museo, ho trovato tutto chiuso e _____ _____.

b. Martedì in albergo sono arrivato tardi per la colazione e così _____ _____.

c. Mercoledì ho lasciato la macchina fotografica in camera e così _____ _____.

d. Giovedì pomeriggio sono andato in centro in macchina per fare spese, ma non ho trovato un parcheggio libero e così _____ _____.

e. Venerdì al bar il cameriere non è venuto e così _____ _____.

f. Sabato al cinema due persone davanti a me hanno parlato tutto il tempo ed io _____.

g. Oggi è domenica, ho dormito tutto il giorno e _____ _____.

10. Completate le frasi secondo il modello.

> In Austria *si parla* il tedesco.
> In Italia *si parlano* molti dialetti.

a. In Italia si (*guardare*) _____ molto la televisione.

b. Quando Salvatore parla in dialetto non si (*capire*) _____ niente.

c. Oggi si (*visitare*) _____ i Musei Vaticani.

d. In centro non si (*parcheggiare*) _____ facilmente.

e. Scusi, dove si (*potere*) _____ comprare i giornali stranieri?

f. Dalla terrazza si (*vedere*) _____ le montagne.

g. In Alto Adige si (*parlare*) _____ l'italiano e il tedesco.

h. Se si (*andare*) _____ in Puglia, si (*dovere*) _____ assolutamente vedere le Grotte di Castellana.

11. Che parole mancano?

Maria ha fatto un _____ in Puglia. È _____ da Bologna in aereo perché ha trovato un volo a _____ speciale. Vicino a Bari è _____ ospite di Chiara, una sua amica. Dopo una settimana _____ arrivato Riccardo e insieme hanno noleggiato una _____ e sono andati in giro per la Puglia. Prima _____ visto le Grotte di Castellana, poi _____ andati ad Alberobello, dove hanno _____ nel trullo dello zio di Chiara. Al Gargano hanno _____ un appartamentino. Da lì hanno fatto anche un' _____ alle Tremiti. Dopo due settimane sono ritornati _____ aereo a Bologna e da lì hanno _____ il treno per Milano. _____ stata veramente una bella vacanza.

LEZIONE 5

12. Completate le forme del *passato prossimo* e aggiungete i pronomi indiretti (*mi, Le, vi*).

■ E poi ___ andat__ a Pavia, professore?

▶ Sì, ma ____ avut__ poco tempo per visitare la città e così ____ vist__ solo la Certosa.

■ E ____ ___ piaciut__?

▶ Sì, molto.

○ Giorgio, è vero che ____ stat__ a Milano?

☐ Sì, ci _____ andat__ per lavoro.

○ E _____ avut__ anche il tempo di visitare la città?

☐ No, ma ____ vist__ il Duomo che ____ ___ piaciut__ molto.

● Ragazzi, ____ ___ piaciut__ Firenze?

◆ Moltissimo. È una città veramente bella.

☐ Signora Mazzi, ho sentito che Lei ___ stat__ in alcune città del Veneto.

▷ Sì, ci _____ andat__ in giugno con un'amica. Prima _____ stat__ a Padova e a Vicenza e poi _____ visitat__ anche tre Ville del Palladio.

☐ E ____ _____ piaciut__?

▷ Moltissimo.

160

13. Qual è l'infinito?

aperto	_____	preso	_____
bevuto	_____	risposto	_____
chiesto	_____	scelto	_____
chiuso	_____	sceso	_____
detto	_____	scritto	_____
letto	_____	venuto	_____
offerto	_____	visto	_____

14. Completate con il *passato prossimo* dei verbi fra parentesi.

a. Laura (*prendere*) _____ _____ la patente e (*comprare*) ___ _____ una macchina nuova.

b. Marisa e Gabriella (*andare*) _____ _____ al bar e (*prendere*) _____ _____ un gelato.

c. Noi (*prendere*) _____ _____ l'autobus e (*scendere*) _____ _____ alla seconda fermata.

d. Io (*restare*) _____ _____ a casa, (*leggere*) _____ _____ il giornale e (*scrivere*) ____ _____ una lettera.

e. Io (*andare*) _____ _____ in vacanza in Toscana, (*visitare*) _____ _____ Siena e (*fare*) ____ _____ molte fotografie.

Grammatica

1. *Passato prossimo*

Il *passato prossimo* è un tempo del passato che si forma con il presente di *avere* o di *essere* seguito dal *participio passato*.

Per la formazione del participio passato dei verbi regolari vale la seguente regola:

-ARE → **-ATO**	trovare	→	trov**ato**
-ERE → **-UTO**	avere	→	av**uto**
-IRE → **-ITO**	sentire	→	sent**ito**

Quando il passato prossimo è costruito con *avere* il participio passato rimane invariato.

Quando invece si costruisce con *essere*, il participio concorda in genere e numero, come un aggettivo, con il soggetto a cui si riferisce.

Osservate i seguenti esempi:

Michele	ha lavorato. **è** andat**o** in vacanza.		Franca	ha lavorato. **è** andat**a** in vacanza.
Lia e Piero	hanno lavorato. **sono** andat**i** al mare.		Lia e Anna	hanno lavorato. **sono** andat**e** al mare.

In presenza di più soggetti (maschile + femminile) il participio costruito con *essere* assume la desinenza maschile plurale *-i*.

La negazione *non* precede il verbo ausiliare (*avere* o *essere*). Ausiliare e participio di norma stanno insieme:

Questa volta Lia e Piero **non** *sono andati* in vacanza.

162

Schematizzazione del *passato prossimo*

Coniugazione con **avere**

(io)	**ho**	
(tu)	**hai**	**parlato**
(lei)		**avuto**
(lui) (Lei)	**ha**	**sentito**
		visto
(noi)	**abbiamo**	**fatto**
(voi)	**avete**	
		preso
(loro)	**hanno**	

Coniugazione con **essere**

(io)	**sono**	
(tu)	**sei**	**andato/ andata**
(Lei)	**è**	
(lui)	**è**	**andato**
(lei)		**andata**
(noi)	**siamo**	
(voi)	**siete**	**andati/ andate**
(loro)	**sono**	

2. Verbi irregolari al participio passato

Molti verbi, soprattutto in *-ere*, hanno un participio passato irregolare.
Ecco alcuni esempi:

aprire	→	**aperto**	rimanere	→	**rimasto**
chiedere	→	**chiesto**	rispondere	→	**risposto**
chiudere	→	**chiuso**	scendere	→	**sceso**
dire	→	**detto**	scegliere	→	**scelto**
essere	→	**stato**	scoprire	→	**scoperto**
fare	→	**fatto**	scrivere	→	**scritto**
leggere	→	**letto**	spendere	→	**speso**
mettere	→	**messo**	vedere	→	**visto**
offrire	→	**offerto**	venire	→	**venuto**
prendere	→	**preso**			

3. La doppia negazione

In presenza di *niente* e *mai*, è necessario far precedere il verbo da *non*.

Non ho pagato **niente**.   **non** ... **niente**

Non sono **mai** stato in Puglia.
Non sono stato **mai** in Puglia.   **non** ... **mai**

Mai può procedere o seguire il participio passato.

4. Superlativo assoluto

Il superlativo assoluto indica che una qualità è posseduta al massimo grado o in misura molto elevata.
Si forma premettendo all'aggettivo o all'avverbio la parola *molto* (invariato!) oppure aggiungendo all'aggettivo o all'avverbio il suffisso *-issimo*.

La camera è **molto** tranquilla.
La camera è tranquill**issima**.

Sto ben**issimo**.

La Puglia mi è piaciuta tant**issimo**.

5. La costruzione con il «si»

Per esprimere il *si* impersonale (se al verbo non segue un complemento oggetto) si usa *si* + il verbo alla 3ª persona singolare.

> Da Ostuni **si arriva** al mare in pochi minuti.

Per esprimere il *si* passivante (se al verbo cioè segue un oggetto diretto) si usa *si* + la 3ª persona singolare o plurale, a seconda che l'oggetto sia singolare o plurale.

> In fattoria **si gusta** il pane fresco.
>
> Allo Zoosafari **si possono** vedere i leoni.

Che cosa ci consiglia?

3

1. Ricomponete il dialogo.

○ Grazie, però c'è un problema: al telefono io ho detto che siamo in sei e invece adesso siamo in otto.

○ A che nome, scusi?

○ Ecco, questo è il tavolo.

○ Ah bene, grazie mille.

○ Buonasera, ho un tavolo prenotato.

○ Non fa niente. Possono accomodarsi a questo tavolo qui che è più grande.

○ Rossi.

2. In questi due ristoranti il cameriere si rivolge ai clienti in modo diverso. Nel ristorante Vesuvio usa il *Loro*, nella trattoria Stella invece il *voi*. Completate il dialogo.

■ Buonasera. Abbiamo prenotato un tavolo per due persone.

RISTORANTE VESUVIO

TRATTORIA STELLA

◆ Ecco. Questo è il tavolo. Prego. Si accomodino!

◆ Per cominciare vogliono provare l'antipasto della casa?

◆ I signori _____

◆ Di secondo cosa preferiscono?

◆ _____

◆ Desiderano altro?

◆ Ecco. Questo è il tavolo. Prego, accomodatevi!

◆ _____

◆ Avete già scelto il primo?

◆ _____

◆ Da bere che cosa prendete?

◆ _____

E come si rivolge il cameriere a una persona che entra da sola al ristorante?

3. Come si chiamano gli 11 «primi piatti» nascosti?

```
A S F O R M A T O V O R I
P M A C C H E R O N I G R
U L O T O R T E L L I N I
R R I G A T O N I G H O P
L I N G U I N E L O O C E
G U L R I S O T T O H C N
L A S A G N E T G E D H N
O I S P A G H E T T I I E
```

4. Completate con *benissimo / buonissimo* (*-a, -i, -e*).

a. In questo ristorante si mangia _____.

b. Questi spaghetti sono _____.

c. Franco parla _____ il tedesco.

d. Stanotte ho dormito _____.

e. _____ queste trenette al pesto!

f. Paolo lo conosco _____.

g. Non si preoccupi, il mio cane è _____.

h. Questa carne è veramente _____.

5. Completate con *lo, la, li, le, ne*.

a. No, non ci sono orecchiette oggi. Le orecchiette ___ facciamo solo il lunedì.

b. In questo ristorante io il pesce ___ consiglio sempre.

c. Le trenette al pesto sono ottime, ___ vuole?

d. Se il pesce è fresco, allora ___ prendo volentieri.

e. Come sono i maccheroni alla siciliana? Non ___ conosco.

f. Per me spaghetti alla carbonara, però ___ vorrei mezza porzione.

g. I tortellini sono ottimi, però per me sono troppi. ___ vuoi un po'?

h. La trippa ___ facciamo solo il sabato.

i. Va bene, provo i crostini, ma ___ vorrei solo due.

6. Completate il dialogo.

_____

_____

❏ Mah, abbiamo spaghetti alla carbonara, trenette al pesto, bucatini all'amatriciana ...

_____

_____

❏ No, le lasagne sono finite. Abbiamo però lo sformato di maccheroni. È molto buono.

_____

_____

❏ Va bene.

7. Completate i dialoghi con il pronome opportuno.

a. Prendi anche tu gli gnocchi?
No, gli gnocchi non _____ mangio volentieri.

b. Di primo che cosa prende?
Pasta e fagioli, ma _____ vorrei solo mezza porzione.

c. Il tiramisù _____ fate?
Sì, ma oggi è già finito.

d. Il coniglio alla cacciatora è la nostra specialità.
Va bene, allora _____ provo.

e. Avete i cannelloni di magro?
No, mi dispiace, _____ facciamo solo il sabato.

f. È buona la peperonata?
Ottima. ____ vuoi un po'?

8. Luisa racconta come prepara la *peperonata*.
Inserite i seguenti verbi opportunamente coniugati.

mescolare, mettere, aggiungere, fare, unire, tagliare, servire, mescolare, fare

Ingredienti: kg. 1 di peperoni, una cipolla grossa, gr. 500 di pomodori pelati, basilico, olio d'oliva, sale.

Io _____ la cipolla a fette sottili, la _____ in un tegame con un po' d'olio e la _____ dorare. _____ i peperoni tagliati a pezzetti, _____ e poi _____ i pomodori pelati e spezzettati, il basilico e il sale. _____ ancora e _____ cuocere la peperonata a fuoco basso. La _____ calda o fredda come contorno.

9. Completate con l'articolo partitivo (*di* + l'articolo determinativo).

a. Di secondo abbiamo _____ involtini che sono molto buoni.

b. Oggi vorrei mangiare _____ pesce.

c. Io preferisco prendere _____ verdura.

d. Non avete qualcosa di diverso? Non so _____ melanzane, _____ fagioli o _____ asparagi?

e. In questo ristorante fanno _____ rigatoni favolosi.

f. Di contorno vorrei _____ patate.

g. Ci porta _____ vino, per favore?

h. Con l'arrosto vi posso consigliare _____ Barolo, oppure abbiamo anche _____ ottimo Barbera.

10. Ricomponete le frasi con i seguenti elementi.

a. Che di consiglia cosa ci secondo?

b. Di risotto ai preferisco il primo funghi. Però mezza vorrei ne porzione.

c. I come li tortellini fate?

d. Da prendo bottiglia di una bere mezza bianco e minerale vino gasata.

e. La ben vorrei bistecca la cotta, è se possibile.

f. Il preferisce allo pollo al spiedo o lo forno?

11. La vita di un vip. Completate con il superlativo assoluto.

Il signor Bengodi si può definire proprio un vip.
Infatti abita in un appartamento _____,
ha una macchina _____ e frequenta
persone _____ come lui. Tutte le estati va in
vacanza in posti _____ come le Maldive o le
Barbados. Lì abita in alberghi _____.
Di giorno prende il sole su spiagge _____
e la sera va a ballare in locali _____ dove
incontra donne _____. Il signor Bengodi
è sempre _____: porta vestiti di stilisti
_____ e al polso ha un orologio
_____. Quando non è in vacanza, è sempre
_____, perché naturalmente lavora
_____ e la sera va a letto _____.
Insomma, il signor Bengodi fa una vita _____.

grande
veloce
ricco
lontano
lussuoso
bianco
elegante
bello
elegante
famoso
costoso
occupato
molto / tardi
intenso

12. Completate la tabella con le forme opportune dei possessivi.

io	_____ scuola	_____ cognome	_____ valigie	i miei spaghetti
tu	_____ cartolina	il tuo lavoro	_____ chiavi	i tuoi giornali
lei	la sua macchina	_____ appartamento	_____ amiche	_____ amici
lui	_____ casa	_____ indirizzo	_____ colleghe	i suoi colleghi
Lei	la Sua professione	_____ albergo	le Sue vacanze	_____ spaghetti
noi	_____ città	_____ corso	_____ fotografie	i nostri libri
voi	_____ regione	il vostro quartiere	_____ ferie	_____ ospiti
loro	_____ camera	_____ ufficio	le loro camere	_____ viaggi

13. Completate con gli aggettivi possessivi.

a. Carlo, mi presenti _____ amiche?

b. Ho avuto molti problemi con _____ lavoro.

c. Allora, ragazzi, qual è _____ idea?

d. Quest'anno andiamo in vacanza con _____ amici.

e. Questo è Pedro, _____ amico di Siviglia.

f. _____ camera è rumorosa. Possiamo averne una più tranquilla?

g. Franco mi ha presentato _____ amici di Bari.

h. Un momento, signora, faccio portare subito _____ valigie in camera.

i. Ecco _____ tavolo, prego, accomodatevi!

14. Inserite *suo* o *loro* e gli articoli determinativi.

a. Ieri ho incontrato Giovanni con _____ amici.

b. Prego, signora, _____ tavolo è questo.

c. Ecco _____ tavolo. Prego, si accomodino!

d. Chiara e Antonietta sono venute con _____ amiche.

e. Le piace _____ lavoro, signor Rinaldi?

f. Gli insegnanti oggi vanno al museo con _____ studenti.

g. Marisa e Piero cercano una baby sitter per _____ bambina.

h. Giorgio è andato in Sardegna con _____ famiglia.

15. Completate lo schema.

io	_____ amico	mio fratello	i miei fratelli
noi	la nostra bambina	_____ figlia	_____ figlie
lei	il suo collega	_____ marito	_____ figli
lui	_____ amica	sua moglie	_____ figlie
tu	_____ segretaria	_____ madre	_____ genitori
voi	_____ professore	_____ zia	_____ cugini
loro	_____ famiglia	il loro padre	_____ zii

16. Completate il testo con gli aggettivi possessivi.

Sabato scorso sono andato a trovare Francesca e _____ marito nella _____ casa di campagna. Abitano lì con _____ figlio. La mattina Francesca dorme a lungo, poi va in giardino e legge _____ libri preferiti. Di pomeriggio fa una passeggiata con _____ famiglia oppure va a trovare _____ amiche che abitano lì vicino. La sera Francesca e _____ marito incontrano _____ amici, guardano la televisione o ascoltano _____ musica preferita.

17. Completate la cartolina con i possessivi opportuni.

Caro Giorgio,
come vedi quest'anno _____ moglie ed io abbiamo deciso di passare _____ vacanze in un villaggio turistico a Tropea, in Calabria. Qui stiamo tutti proprio bene: _____ figli sono sempre occupati e giocano con _____ nuovi amici. Così _____ moglie ed io possiamo organizzare _____ tempo come vogliamo, pratichiamo _____ sport preferiti, visitiamo la città e _____ dintorni oppure restiamo semplicemente a dormire nella _____ camera. E tu come stai? E _____ famiglia? Anche quest'anno avete passato _____ vacanze in montagna?
Un caro saluto e a presto!
Roberto

Giorgio Pedoni

Via Roma, 4

61100 Pesaro

18. Mangiar fuori in Italia.

Ristorante, osteria (a volte hosteria o hostaria), trattoria. Dov'è la differenza? Il più delle volte solo nel nome. Un locale che si definisce osteria può essere più caro di uno che si chiama ristorante. Quindi, se non volete avere brutte sorprese, guardate il menù esposto fuori, altrimenti correte il rischio di pagare un conto salatissimo.
Andare al ristorante in Italia significa voler mangiare diversamente da come di solito si mangia a casa.
In Italia un pranzo (o una cena) al ristorante è perciò un'occasione per consumare un pasto completo, e cioè: antipasto, primo, secondo e contorno, e non uno solo di questi piatti come invece pensano di poter fare molti turisti. Vi sembra troppo? E allora saltate l'antipasto, non prendete il contorno, oppure chiedete soltanto mezza porzione di primo o se preferite, andate a mangiare in una pizzeria o in una tavola calda o in un fast-food, come è di moda da qualche anno.

Un turista può restar sorpreso al momento di pagare. Infatti sul conto, oltre a quello che ha mangiato, sono segnate spesso due voci: coperto e servizio. Quest'ultimo quindi è già compreso nel prezzo; se tuttavia il cliente è soddisfatto, lascia comunque al cameriere la mancia, cioè un po' di soldi in più. Per legge in Italia tutti i ristoranti devono rilasciare la ricevuta fiscale; riceverla, dunque, è un vostro diritto, e chiederla è un vostro dovere. Non lo dimenticate quando siete in Italia.

```
HOSTARIA "CAMBUSA"
   DI LUIGI DE GAETANO
VIA SAN ANDREA N.12 PADOVA
TEL. 049 656740
   PARTITA IVA   03687750285

PRIMO               €6.00
CONTORNO            €4.00
CONTORNO            €4.00
SECONDO             €8.00
SECONDO             €8.00
SECONDO            €10.00
VINO BOTTIGLIA
                   €15.00
BIBITE              €3.00
TOTALE            €58.00
#000000      CASS. 1   01
15-02-02  22-12
   SCONTRINO NO.    000013
   ₼F 49 81015180
```

Vero o falso?

		v	f
a.	L'osteria è sempre meno cara del ristorante.	☐	☐
b.	Un italiano non va al ristorante per mangiare solo un piatto di spaghetti.	☐	☐
c.	La mancia e il servizio sono la stessa cosa.	☐	☐
d.	Il cliente deve sempre richiedere alla fine del pasto la ricevuta fiscale.	☐	☐

Grammatica

1. Dislocazione dell'oggetto

Osservate i seguenti esempi:

> Fate *gli gnocchi*? (verbo – *complemento oggetto*)
> *Gli gnocchi* **li** fate? (*complemento oggetto* – pronome – verbo)

Nel secondo esempio si vuole dare particolare risalto al complemento oggetto. In questo caso si usa metterlo all'inizio della frase, seguito dal corrispondente pronome diretto. Questa costruzione è molto usata nella lingua parlata.

2. Indicazioni di quantità

Dopo sostantivi che indicano una quantità segue di norma la preposizione *di*.

Di viene apostrofato davanti a vocale, se la parola che segue è singolare.

un chilo **di** peperoni   *un cucchiaio* **d'**olio   *40 grammi* **di** burro
mezzo chilo **di** pomodori   *un litro* **di** latte   *un bicchiere* **di** vino

3. Il pronome *ne*

Il pronome *ne* ha una funzione partitiva, sostituisce cioè una parte di un tutto determinato.

Io prendo le orecchiette alla pugliese.
Però **ne** vorrei mezza porzione.

Ne sostituisce qui *di orecchiette*.

Ne si usa in genere dopo espressioni di quantità come *molto, poco, un po', mezza porzione, mezzo litro* ecc. o con un numero.

> Hai degli amici in Italia?
> Sì, **ne** ho due.
> Sì, **ne** ho molti.
> Sì, ma **ne** ho pochi.
> No, non **ne** ho.

4. Aggettivi possessivi

singolare   **plurale**

	singolare			plurale	
(io)	**il mio**			**i miei**	
(tu)	**il tuo**			**i tuoi**	
(lui / lei)	**il suo**	amico		**i suoi**	amici
(Lei)	**il Suo**	libro		**i Suoi**	libri
(noi)	**il nostro**	bambino		**i nostri**	bambini
(voi)	**il vostro**			**i vostri**	
(loro)	**il loro**			**i loro**	

	singolare			plurale	
(io)	**la mia**			**le mie**	
(tu)	**la tua**			**le tue**	
(lui / lei)	**la sua**	amica		**le sue**	amiche
(Lei)	**la Sua**	macchina		**le Sue**	macchine
(noi)	**la nostra**	bambina		**le nostre**	bambine
(voi)	**la vostra**			**le vostre**	
(loro)	**la loro**			**le loro**	

L'aggettivo possessivo concorda in genere e numero con la parola a cui si riferisce.

L'aggettivo possessivo in italiano è quasi sempre preceduto dall'articolo determinativo.

il mio amico – la mia amica   i miei amici – le mie amiche

A volte però può essere preceduto dall'articolo indeterminativo.

un mio amico   (= uno dei miei amici)

➪ *Suo* si riferisce *solo* all'*oggetto posseduto* e non, come in altre lingue, al possessore.
Lo stesso vale per *suoi, sua, sue*.

Matteo ha una casa. La **sua** casa è grande.   (= di lui)
Franca ha una casa. La **sua** casa è grande.   (= di lei)

➪ *Suo* (scritto maiuscolo) si usa rivolgendosi a una persona a cui si dà del Lei.

Scusi, non ho capito bene il **Suo** nome.

➪ *Loro* si usa riferito a più persone.

Matteo e Franca hanno una casa. La **loro** casa è grande.

➪ Quando ci si rivolge a qualcuno (al plurale), si hanno due possibilità.
Muovendosi, per così dire, sul medesimo piano sociale si usa *voi* e *il vostro*.
In un rapporto di subordinazione o in uno molto formale si usa *Loro*.
Un cameriere, per esempio, in un ristorante molto chic dice ai suoi ospiti:

Ecco, signori, questo è il **Loro** tavolo.

In un'agenzia viaggi l'impiegato potrebbe dire:

Ecco i **vostri** biglietti.
Ecco i **Loro** biglietti.

➪ Con i nomi di parentela al *singolare* si elimina l'articolo determinativo.

Eccezione: davanti al possessivo *loro* deve andare sempre l'articolo.

	singolare			plurale	
(io)	mio		i	miei	
(tu)	tuo		i	tuoi	
(lui / lei)	suo	*padre*	i	suoi	*genitori*
(Lei)	Suo	*figlio*	i	Suoi	*figli*
(noi)	nostro	*fratello*	i	nostri	*fratelli*
(voi)	vostro		i	vostri	
(loro)	**il** loro		i	loro	

(io)	mia		le	mie	
(tu)	tua		le	tue	
(lui / lei)	sua	*madre*	le	sue	
(Lei)	Sua	*figlia*	le	Sue	*figlie*
(noi)	nostra	*sorella*	le	nostre	*sorelle*
(voi)	vostra		le	vostre	
(loro)	**la** loro		le	loro	

ma:

mio padre   **il** loro padre
sua sorella   **la** loro sorella

Come passate la giornata?

LEZIONE 7

4   1. **Stefano telefona a Maria. Inserite le parole mancanti.**

○ Pronto.
❏ Maria?
○ Sì, ____ parla?
❏ ____ Stefano.
○ Stefano! Come ____?
❏ Bene, grazie e ___?
○ Eh, non c'è ____. Ma dove ____?
❏ Sono ___ un bar ___ piazza Mercadante.
○ Ah, qui vicino.
❏ Sì. Allora ho pensato di _____ un salto a casa tua. Posso?
○ Ma certo!
❏ Bene, allora arrivo ____ mezz'ora.
○ ____ mezz'ora?!
❏ Sì, prima devo _____ qualcosa al supermercato.
○ D'accordo. ____ mezz'ora allora.
❏ Sì, ciao!

2. **Completate con le preposizioni mancanti.**

a. Sono ____ un chilometro ____ casa tua.

b. Ti aspetto ____ casa.

c. Arriviamo ____ voi ____ mezz'ora.

d. ____ casa mia ____ casa vostra ci sono circa 10 km.

e. Il film comincia ____ un'ora.

f. Resto ancora due giorni ____ Roma.

g. Il treno parte ____ 10 minuti.

h. Posso fare un salto ____ te?

i. Il ristorante è ____ pochi passi ____ Piazza di Spagna.

j. Venite ____ noi questa sera?

177

LEZIONE 7

◘ 6

3. Unite le domande alle risposte.

a. Perché non vieni a cena da noi?

b. Franco, posso fare un salto da te?

c. Possiamo fare un salto da voi nel pomeriggio?

d. Avvocato, posso venire da Lei domani mattina?

e. Sandro può venire da te per quel libro?

f. Oggi non vi fermate a pranzo da noi?

Sì, La aspetto verso le dieci, va bene? (1)

No, ci dispiace, ma abbiamo già un impegno. (2)

Mi dispiace, ma stasera devo stare a casa. Aspetto un amico. (3)

Sì, ma lo aspetto fino alle due, poi devo uscire. (4)

Sì, vieni, ti aspetto. (5)

Certo, venite, vi aspettiamo. (6)

4. Fate delle domande e rispondete secondo il modello.

> Senti, *ti fermi a pranzo?* — Mi dispiace, non posso. Magari *un'altra volta*.

a. andiamo al cinema stasera?

b. mi porti alla stazione?

c. mi aiuti a riparare la bicicletta?

d. mi chiami oggi pomeriggio?

e. facciamo jogging stasera?

f. facciamo una partita a tennis domani?

ti telefono stasera.
ti do la mia.
ci andiamo domani sera.
ti chiamo un taxi.
corriamo domani mattina.
giochiamo sabato prossimo.

5. **Che cosa stanno facendo queste persone?**
   Completate con il presente progressivo (*stare* + gerundio).

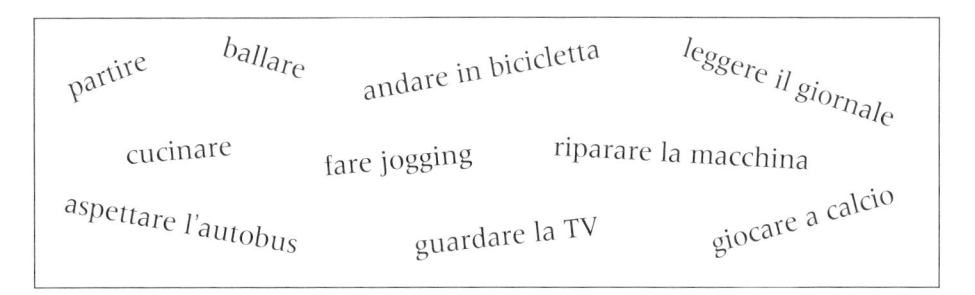

   > partire   ballare   andare in bicicletta   leggere il giornale
   > cucinare   fare jogging   riparare la macchina
   > aspettare l'autobus   guardare la TV   giocare a calcio

a. Il signor Rossi _____

b. Marco _____

c. Anna e Maria _____

d. Corrado _____

e. Giorgio _____

f. Stefano _____

g. Giovanni _____

h. Antonio _____

i. Sandro e Piero _____

j. Riccardo e Marina _____

LEZIONE 7

6. Completate le frasi con i seguenti verbi al presente progressivo.

> ascoltare   fare   scrivere   guardare   parlare
> suonare   leggere   prendere   preparare   riparare

a. Carlo è in camera sua, _____ un libro.

b. Ciao Mario. Adesso arrivo. Sono in garage, _____ la bicicletta.

c. Carla è in soggiorno, _____ un disco di musica classica.

d. Sergio è in camera sua, _____ la chitarra.

e. Siamo in cucina, _____ il pranzo.

f. Carla è in bagno, _____ la doccia.

g. Mario e Aldo sono in soggiorno, _____ la partita alla televisione.

h. Ti telefono più tardi, adesso _____ una lettera.

i. Caterina è in camera sua, _____ al telefono con Marta.

j. Giulia è in terrazza, _____ il sole.

7. Completate lo schema.

alzarsi	io mi alzo	noi ___ _____	loro ___ _____
annoiarsi	voi ___ _____	tu ti annoi	lui ___ _____
riposarsi	noi ___ _____	lei ___ _____	loro ___ _____
svegliarsi	io ___ _____	tu ___ _____	voi vi svegliate
fermarsi	lui ___ _____	loro ___ _____	noi ___ _____
divertirsi	noi ___ _____	lui ___ _____	io ___ _____
iscriversi	voi ___ _____	tu ___ _____	loro ___ _____
congratularsi	io ___ _____	voi ___ _____	noi ___ _____

8. Completate le domande con i seguenti verbi.

addormentarsi – alzarsi – annoiarsi – chiamarsi
fermarsi – incontrarsi – sentirsi – trovarsi

a. ▷ Come _____ il ragazzo di Patrizia?   ☐ Aldo.

b. ▷ A che ora _____ i bambini?   ☐ Di solito alle 7.00.

c. ▷ Da quanto tempo _____ male Pierino?   ☐ Da ieri sera.

d. ▷ La sera _____ subito?   ☐ No, prima di addormentarmi leggo sempre un po'.

e. ▷ Non _____ qui in campagna?   ☐ No, anzi qui abbiamo tanti amici.

f. ▷ _____ a cena stasera?   ☐ No, mi dispiace, ma ho un impegno.

g. ▷ Come _____ a Roma, signora?   ☐ Benissimo. Roma mi piace molto.

h. ▷ _____ al bar Jolly o davanti all'università?   ☐ È meglio se vieni all'università.

9. Completate il testo con i seguenti verbi al presente indicativo.

Alberto Mancini _____ presto. _____ e ____	svegliarsi/alzarsi/fare
colazione, poi _____ e _____ l'autobus che lo	uscire/aspettare
_____ al lavoro. Alle cinque _____ di lavorare, _____ l'autobus,	portare/finire/prendere
_____ a casa, ma prima _____ al supermercato per fare	ritornare/andare
un po' di spesa. Alle sei e mezzo _____ finalmente a casa;	arrivare
qui _____ una doccia e poi, prima di mangiare, _____	farsi/guardare
la televisione. Alle otto _____ qualcosa: due uova fritte	mangiare
e un piatto di insalata, poi _____ di nuovo davanti al	mettersi
televisore, ma alle dieci ____ a letto e _____ subito.	andare/addormentarsi

181

10. **Completate la lettera con il presente, il passato prossimo o il presente progressivo.**

Cara Maria,

qui in campagna _____ proprio bene e finalmente _____. — trovarsi / riposarsi

La mattina _____ tardi e poi, dopo una bella colazione, _____ in giardino e resto lì tutta la mattina e leggo. Adesso, per esempio, _____ «Il nome della rosa» che è un libro davvero avvincente. — alzarsi / mettersi / leggere

Mio marito invece _____ le giornate in tutt'altro modo. Lo conosci no? Lui _____ già alle sei e fino alle nove fa jogging, e non _____ un momento: adesso, per esempio, è in garage e _____ la bicicletta. — passare / svegliarsi / fermarsi / riparare

La sera qualche volta _____ in paese, ma più spesso _____ a casa a guardare la televisione. Insomma _____ questa tranquillità. Qualche volta _____ degli amici; per esempio Roberto _____ un quarto d'ora fa. Ecco, proprio adesso _____ (ho sentito la macchina) e _____ alla porta. Beh, continuo dopo ... — andare / restare / godersi / vedere / telefonare / arrivare / suonare

11. Leggete il testo e indicate poi se le affermazioni sono vere o false.

In occasione di particolari cerimonie come battesimo, prima comunione o nozze, in Italia si regalano a parenti ed amici i confetti. Si tratta di piccoli dolci di zucchero che hanno dentro una mandorla e che sono generalmente chiusi in un sacchetto di tulle e accompagnati da un bigliettino con il nome del festeggiato e con la data dell'avvenimento.

Durante il rinfresco di un matrimonio, per esempio, gli sposi danno agli invitati un sacchetto di confetti bianchi, per ringraziarli della loro presenza. Tutte le persone che hanno fatto un regalo ricevono inoltre, qualche giorno dopo, ancora dei confetti, questa volta però in una bomboniera, cioè in un piccolo oggetto, generalmente d'argento o di porcellana. In ogni bomboniera o in ogni sacchetto i genere ci sono cinque o sette confetti perché, secondo molti, il numero dispari porta fortuna. Anche in occasione della prima comunione i confetti sono bianchi, mentre sono rosa per il battesimo di una bambina o celesti per quello di un bambino.

Una tradizione che si sta invece perdendo, e che resiste oggi solo nelle famiglie più tradizionali, è quella di regalare un sacchetto di confetti verdi in occasione di un fidanzamento o rossi dopo l'esame di laurea.

Vero o falso?	v	f
a. Nei giorni di festa in Italia si regalano i confetti.	☐	☐
b. Tutte le persone che partecipano al rinfresco di nozze ricevono un sacchetto di confetti.	☐	☐
c. In un sacchetto ci sono in genere sei confetti.	☐	☐
d. Per la prima comunione i confetti sono bianchi.	☐	☐
e. Solo poche persone regalano i confetti in occasione di un fidanzamento.	☐	☐

LEZIONE 7

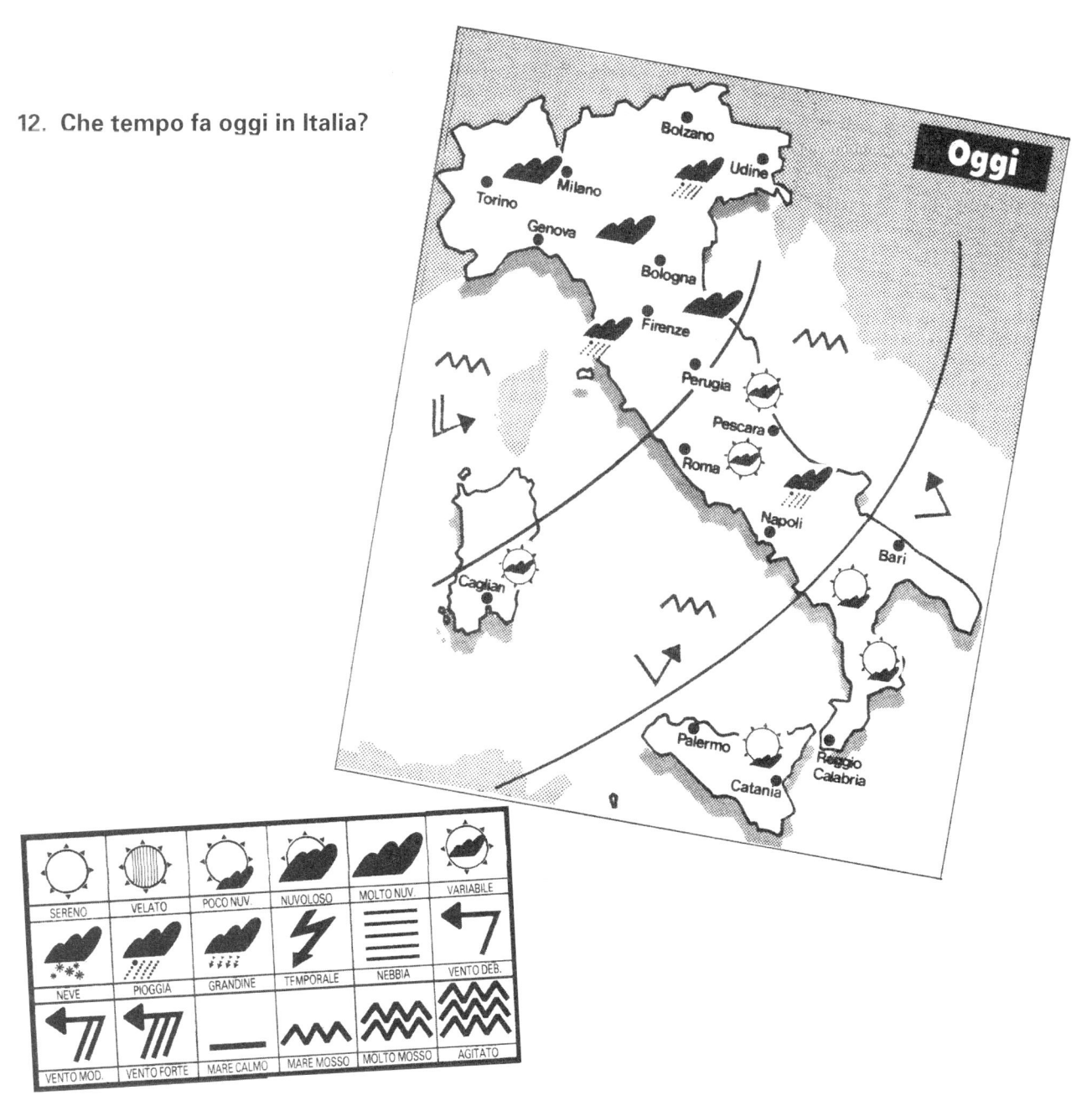

12. Che tempo fa oggi in Italia?

Che tempo fa?

Nel Veneto — ci sono molte nuvole, ma non piove.

A Bologna — il tempo è bello, anche se c'è qualche nuvola.

A Roma — piove da due giorni.

In Sicilia — il tempo cambia continuamente.

184

13. **In questa lettera Giorgio ha dimenticato le seguenti parole. Inseritele voi nel testo.**

come   magari   perché   perciò   purtroppo   quando

Carissimi,
ieri siamo arrivati qui all'Isola del Giglio e per fortuna abbiamo trovato una camera in un piccolo albergo molto tranquillo. _____ possiamo rimanere qui solo ancora tre giorni, _____ in agosto le camere sono già tutte prenotate. Il posto mi piace molto e _____ ho deciso di tornarci anche l'anno prossimo, _____ in maggio o in giugno, _____ l'isola è ancora più tranquilla ed i prezzi non sono alti _____ adesso.

A presto. Giorgio

14. **Formate delle frasi secondo il modello.**

> noi – divertirci un sacco – avere conosciuto della gente simpatica
>
> Ci divertiamo un sacco perché abbiamo conosciuto della gente simpatica.
> Abbiamo conosciuto della gente simpatica e perciò ci divertiamo un sacco.

a. io – fare un corso d'italiano – volere andare in vacanza in Italia
b. noi – non volere spendere molto – andare in vacanza in novembre
c. loro – avere tre bambini – preferire andare in campeggio
d. Vanessa – non essere brava come Paolo – avere deciso di frequentare un corso di sci
e. Franco – avere prenotato tardi – non avere trovato una camera tranquilla

LEZIONE 7

15. Trasformate le frasi usando *più ... di, meno ... di* e *non ... come*, secondo il modello.

> Lui è più bravo di me.
> Io sono meno bravo di lui.
> Io non sono bravo come lui.

a. Mario è più simpatico di Giulio.

b. Il bar Aurora è meno caro del bar Roma.

c. L'albergo è più confortevole del campeggio.

d. Il taxi è più pratico dell'autobus.

e. La birra non è alcolica come il vino.

f. Gli Stati Uniti non sono grandi come la Russia.

g. Roma è meno antica di Siracusa.

16. Completate il testo con i verbi al presente indicativo.

La mattina in casa Farinelli

Letizia Farinelli abita con il marito e i due figli in un piccolo appartamento con un solo bagno e naturalmente ogni mattina ci sono dei problemi. Letizia racconta:

Io _____ alle 7.00, quando _____ la sveglia.	svegliarsi – suonare
_____ subito e _____ di essere la prima ad andare in bagno. Dopo	alzarsi – cercare
dieci minuti _____ anche Giacomo, mio marito. Mentre lui	alzarsi
_____ la barba,	farsi
io _____ in cucina e _____ il	andare – preparare
caffè, poi _____ in camera da	andare
letto e _____. Intanto _____	vestirsi – svegliarsi
anche Renata. Quando mio marito _____	uscire
dal bagno, lei _____ già pronta ad entrare,	essere
_____ dentro e ci _____ almeno per	chiudersi – restare
mezz'ora. Renata adesso _____ il ragazzo e	avere
non _____ di casa se non _____ bellissima.	uscire – essere
Così ogni mattina _____ la doccia,	farsi
_____ i capelli, poi _____,	asciugarsi – truccarsi
_____ e _____ la sua musica	pettinarsi – ascoltare
preferita. Intanto _____ anche	alzarsi
Leonardo che _____ perché _____	arrabbiarsi – essere
già quasi le otto e il bagno _____ ancora	essere
occupato. Per fortuna lui _____ in	sbrigarsi
cinque minuti, poi _____ i jeans e un	mettersi
pullover, _____ un bicchiere di latte ed	bere
_____ subito pronto per andare a scuola.	essere

187

Grammatica

1. Pronomi atoni e tonici

Avete già visto, nelle lezioni precedenti, l'incontro fra un pronome personale e un verbo.

Ho trovato la baby sitter per **te**.	(L. 1)
Mi scusi, la cena a che ora è?	(L. 3)
Mi può dare un'informazione?	(L. 4)
Palazzo Spada è lì, **lo** vede.	(L. 4)
La ringrazio.	(L. 4)

Anche le espressioni *Arrivederci* e *ArrivederLa* contengono dei pronomi personali.

Osservate le seguenti frasi:
Posso fare un salto *da* **te**? – Certo, vieni, **ti** aspetto.

In queste frasi *te* è un pronome tonico, *ti* un pronome atono.

2. L'uso dei pronomi atoni e tonici

I pronomi **atoni** precedono il verbo o seguono l'infinito uniti a quest'ultimo.	**Mi** hai chiamato? **Mi** puoi chiamare quando vuoi. Puoi chiamar**mi** quando vuoi.
I pronomi **tonici** seguono il verbo e si usano	
▷ quando si vuole rafforzare il pronome o in caso di contrapposizione	Hai chiamato **me**? Hai chiamato **me** o **lui**?
▷ o quando il pronome è preceduto da una preposizione.	Posso fare un salto **da te**?

Pronomi tonici	Pronomi atoni
Vieni da **me**?	Certo. **Mi** aspetti?
Vengo da **te**.	Bene. **Ti** aspetto.
Gino deve andare da **lui**?	Sì, lui **lo** aspetta.
Sara deve andare da **lei**.	Sì, lei **la** aspetta.
Allora vengo da **Lei** più tardi.	Bene, **La** aspetto alle tre.
Venite da **noi**?	Sì, **ci** aspettate?
Veniamo da **voi**, va bene?	Sì, **vi** aspettiamo?
Pino e Lia vanno da **loro**?	Sì, **li** aspettano.
Anna e Rita vanno da **loro**?	Sì, **le** aspettano.

3. Presente progressivo

La perifrasi *stare + gerundio* esprime lo svolgimento momentaneo di un'azione già iniziata.

Sta riparando la bicicletta. (= la ripara proprio in questo momento)

Il gerundio si forma sostituendo la desinenza dell'infinito con *-ando* nei verbi in *-are* e con *-endo* in quelli in *-ere* e *-ire*.

sto		
stai	ripar	– **ando**
sta	legg	– **endo**
stiamo	dorm	– **endo**
state		
stanno		

Alcuni verbi hanno un gerundio particolare di derivazione latina, per es.:

bere	**bevendo**
dire	**dicendo**
fare	**facendo**

4. Verbi riflessivi

Già nelle lezioni precedenti avete incontrato alcuni verbi riflessivi.

Come *ti chiami?*   *Mi chiamo* Michele.

Questi verbi vengono coniugati come gli altri verbi.
Il pronome riflessivo precede il verbo.

La negazione *non* precede il gruppo pronome + verbo: **Non** ci annoiamo.

Coniugazione di *riposarsi*

	presente	presente progressivo
(io)	**mi riposo**	**mi sto riposando**
(tu)	**ti riposi**	**ti stai riposando**
(lui) (lei) (Lei)	**si riposa**	**si sta riposando**
(noi)	**ci riposiamo**	**ci stiamo riposando**
(voi)	**vi riposate**	**vi state riposando**
(loro)	**si riposano**	**si stanno riposando**

In presenza di un verbo servile (come *potere, volere, dovere*) il pronome riflessivo può precedere il verbo servile oppure seguire l'infinito a cui viene unito.

(io)	**mi** voglio riposare	voglio riposar**mi**
(tu)	**ti** vuoi riposare	vuoi riposar**ti**
(lui) (lei) (Lei)	**si** vuole riposare	vuole riposar**si**
(noi)	**ci** vogliamo riposare	vogliamo riposar**ci**
(voi)	**vi** volete riposare	volete riposar**vi**
(loro)	**si** vogliono riposare	vogliono riposar**si**

Attenzione: un verbo riflessivo in italiano non lo è necessariamente anche nella vostra lingua, se nella vostra lingua esistono verbi riflessivi.
Finora avete incontrato i seguenti verbi riflessivi in italiano:

>alzarsi
>addormentarsi
>chiamarsi
>fermarsi
>laurearsi
>sposarsi
>svegliarsi

5. Il comparativo

Il comparativo (che stabilisce un paragone fra due termini) si forma premettendo all'aggettivo gli avverbi *più* (comparativo di maggioranza) e *meno* (comparativo di minoranza). Se il secondo termine di paragone è un sostantivo, un pronome o un numero, questo viene preceduto dalla preposizione *di* (semplice o articolata).

> L'albergo è **più** confortevole **del** residence.
>
> Paolo è **più** bravo **di** me.
>
> **Più/meno** del 70% **degli** italiani.

In italiano esiste anche il comparativo di uguaglianza, che si ha quando la qualità espressa dall'aggettivo è presente in uguale misura nei due termini di paragone. In questo caso l'aggettivo è seguito da *come* o *quanto*.

> La Puglia è interessante **come/quanto** la Sicilia.
>
> Purtroppo io non sono brava **come** lui.

LEZIONE 8

Non lo sapevo!

1. Completate lo schema.

	io	tu	Lei lui/lei	noi	voi	loro
essere	*ero*	_____	_____	*eravamo*	*eravate*	_____
andare	_____	*andavi*	_____	_____	_____	*andavano*
prendere	_____	_____	*prendeva*	_____	*prendevate*	_____
sentire	*sentivo*	_____	_____	*sentivamo*	_____	*sentivano*
fare	_____	*facevi*	_____	_____	*facevate*	_____

2. Completate il dialogo con i verbi al passato prossimo o all'imperfetto.

❏ Ciao Klaus! (io-sapere) _____ che (tu-essere) _____ in Toscana.

○ Sì, (essere) _____ all'isola d'Elba e (fare) _____ anche un corso di italiano.

❏ E come (essere) _____ organizzato il corso?

○ La mattina (io-andare) _____ a lezione, (studiare) _____ e dopo il corso (essere) _____ libero. A mezzogiorno (mangiare) _____ qualcosa in un bar o in un self-service. Dopo di solito (dormire) _____ un po', verso le cinque (andare) _____ al mare, (nuotare) _____, (prendere) _____ il sole o (giocare) _____ a palla con gli amici. La sera (mangiare) _____ in un ristorante o in una pizzeria in paese, a volte (andare) _____ a ballare in una discoteca e poi, quando (essere) _____ stanco, (andare) _____ a dormire.

3. Scrivete ora il racconto di Klaus usando il «si» impersonale.

La mattina si andava ...

4. Che cosa hanno fatto?

Dopo le ferie alcuni amici si incontrano e parlano delle loro vacanze.
Abbinate a ogni persona uno dei 4 testi e proseguite il racconto.
Usate anche gli avverbi di tempo:
la mattina, il pomeriggio, la sera, prima, poi, generalmente, di solito, spesso, a volte, ecc.

Tommaso: Io ho attraversato l'Italia in motocicletta …

Anna: Io sono stata in montagna …

Carla e Lucia: Noi siamo state al mare …

Marta e Paolo: Noi siamo stati a Roma …

a. Dormire fino a tardi, mangiare qualcosa, andare in spiaggia, restare lì fino alle sei, tornare a casa, fare un po' di spesa, cenare, incontrare gli amici in un bar, andare in discoteca.

b. Svegliarsi presto, fare colazione, partire, arrivare in qualche città o paese, visitare il posto, mangiare un panino, ripartire, fermarsi a fare fotografie, andare in qualche altra città, cercare una pensione, cenare, andare a letto.

c. Alzarsi presto, fare colazione, prendere la macchina, arrivare ai piedi della montagna, cominciare a salire, fare una pausa per il pranzo, cominciare a scendere prima di sera, ritornare a casa.

d. Non svegliarsi troppo tardi, prendere un cappuccino in un bar, visitare i monumenti e i musei, mangiare in trattoria, ritornare in albergo, riposarsi un po', uscire verso le otto, cenare, fare una passeggiata per il centro.

5. Completate il testo.

Roberto ___ _____ in Francia per _____ il francese.

Il _____ ___ organizzato molto bene. La mattina e il pomeriggio c' _____

le lezioni, la _____ invece gli studenti _____ liberi. Purtroppo Roberto

non ___ _____ dei francesi, ma ha fatto amicizia con tanti

ragazzi di _____ il mondo. Il fine-settimana si organizzavano delle _____.

Si _____ sempre in pullman e si _____ i paesi vicini.

Una volta Roberto ___ _____ anche a Nizza e ___ _____ il

museo di Chagall.

LEZIONE 8

6. Quattro italiani famosi. Chi sono?

a. _____ b. _____ c. _____ d. _____

Completate i testi con il *passato prossimo* o l'*imperfetto* e cercate di scoprire l'identità dei quattro famosi italiani.

a. (Ripetere) _____ a tutti che la terra (essere) _____ rotonda e, per dimostrarlo, un giorno (partire) _____ con tre navi ed (arrivare) _____ in un continente nuovo. Chi è?

b. (Andare) _____ in giro a piedi per l'Italia, (dormire) _____ per terra e (parlare) _____ con la gente e con gli animali. Una volta (parlare) _____ a lungo agli uccelli. Chi è?

c. Veneziano al cento per cento, da bambino (volere) _____ studiare per diventare prete, ma (avere) _____ una passione troppo grande per le donne, per il gioco e per i viaggi. Il suo nome (diventare) _____ sinonimo di Don Giovanni. Chi è?

d. (Amare) _____ molto il colore rosso, ma anche il bianco e il verde. (Essere) _____ sempre in giro per il mondo nei paesi dove (esserci) _____ qualche guerra. Un giorno insieme a mille amici (partire) _____ per la Sicilia per fare l'Italia unita. Chi è?

7. Completate la lettera con l'imperfetto dei verbi dati.

Cara Paola,

che giorni abbiamo passato in montagna! Che pace! Che tranquillità! Tutte le mattine io _____ non prima delle dieci. Poi _____ una bella colazione e allo stesso tempo _____ la radio. Fuori in giardino Maria, che ____ in piedi già dalle otto, _____ il sole. Verso le undici _____ insieme a fare una passeggiata nel bosco o _____ in paese a fare la spesa. Il pomeriggio _____ sempre delle escursioni nei dintorni. La sera si _____ a casa o si _____ al cinema in paese, o qualche volta ci _____ a trovare degli amici di Milano e spesso _____ anche a dormire.

svegliarsi, fare
ascoltare
essere, prendere
andare, scendere
fare
restare, andare
venire
restare

8. Cruciverba.

Le caselle evidenziate daranno il nome della regione dove è nata Susanna Agnelli.

1. Ne aveva molta la «Tigre».
2. Lo è una cosa non permessa.
3. Un posto dove si abita e si studia.
4. Si scrive a scuola.
5. Vivono in un convento.
6. Tante insieme fanno un libro.
7. A Susanna e alla «Tigre» piaceva al cioccolato.
8. Lo diventavano mangiando Susanna e la «Tigre».

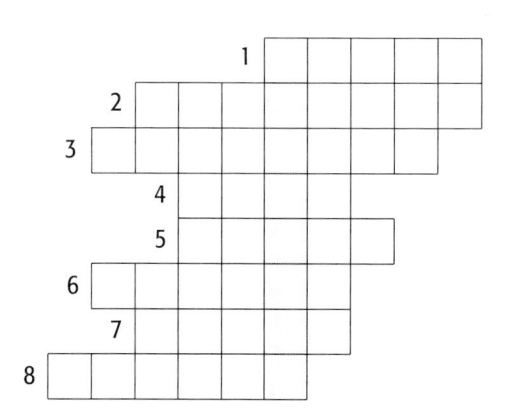

LEZIONE 8

9. Completate il racconto con l'imperfetto dei verbi fra parentesi.

Quando io (essere) _____ bambino, (passare) _____ sempre il mese di agosto alla colonia estiva di Misano, vicino a Riccione. Le giornate (essere) _____ organizzate in modo molto regolare. Noi bambini (svegliarsi) _____ tutte le mattine alle otto, (fare) _____ colazione e poi (andare) _____ in spiaggia dove (giocare) _____ fino a mezzogiorno. A quell'ora, se il mare (essere) _____ calmo, (noi – fare) _____ il bagno. Dopo il bagno (tornare) _____ alla colonia, dove ci (aspettare) _____ il pranzo. Dopo si (fare) _____ un piccolo riposo fino alle quattro. Poi si (tornare) _____ in spiaggia, dove si (restare) _____ fino alle sette. Alle otto (noi – essere) _____ di nuovo a tavola per la cena e alle nove si (andare) _____ di nuovo a letto. A volte, quando il tempo (essere) _____ brutto e non si (potere) _____ andare in spiaggia, si (restare) _____ tutto il giorno alla colonia e si (fare) _____ i giochi più diversi.
Il giorno più bello però (essere) _____ quello del ritorno a casa. Ricordo ancora la felicità quando, dal finestrino del treno, (io – riconoscere) _____ i miei genitori che mi (aspettare) _____ alla stazione.

10. Completate le frasi con il gerundio dei seguenti verbi.

frequentare prendere navigare viaggiare guardare visitare

a. Ho imparato il tedesco _____ un corso.

b. Siamo arrivati in due ore _____ l'aereo.

c. _____ in metropolitana si arriva prima, ma non si vede la città.

d. Ha trovato una casa per le vacanze _____ in Internet.

e. Abbiamo passato la serata _____ la televisione.

f. Quando pioveva passavamo il tempo _____ i musei.

**11. Patrizia parla con entusiasmo delle sue ferie.
Completate il suo racconto con i verbi all'*imperfetto* o al *passato prossimo*.**

Quest'anno in agosto (andare) _____ in Inghilterra con Paola, un'amica. Insieme (fare) _____ un corso di lingua e (studiare) _____ molto. Dunque: noi (essere) _____ a Cambridge. Il college (essere) _____ molto bello ed (essere) _____ anche vicinissimo al centro della città. Tutte le mattine (esserci) _____ le lezioni dalle nove a mezzogiorno, poi si (andare) _____ a mangiare – e devo dire che noi (mangiare) _____ sempre veramente benissimo. Poi il pomeriggio si (studiare) _____ , alle cinque si (finire) _____ e noi tutti (prendere) _____ il tè insieme. Poi noi (essere) _____ libere, e siccome lì (esserci) _____ luce fino alle dieci, spesso Paola ed io (andare) _____ in giro per la città che è bellissima. La sera noi (andare) _____ spesso al pub con gli amici e lì (mangiare) _____ delle ottime patatine e (bere) _____ la birra inglese che è davvero speciale. Insomma (passare) _____ delle belle vacanze e inoltre (migliorare) _____ il mio inglese che prima, devo dire, non (essere) _____ proprio perfetto.

LEZIONE 8

12. Completate le frasi con il passato prossimo o l'imperfetto dei verbi fra parentesi.

a. Franca e Ugo hanno già due figli. Voi non lo (sapere) _____ ancora?

b. Silvana (conoscere) _____ Giacomo al corso di tedesco.

c. Quando Giorgio (andare) _____ ad abitare a Parigi, non (parlare) _____ ancora il francese e non (conoscere) _____ ancora nessuno lì.

d. Stamattina (io – sapere) _____ che Adriana parte la settimana prossima.

e. Quando (io – andare) _____ a Londra, non (sapere) _____ una sola parola in inglese.

f. Come (tu – sapere) _____ che adesso Michele lavora in banca?

g. Tre anni fa noi non (conoscere) _____ ancora i signori Rossetti: (conoscerli) _____ l'estate scorsa.

h. (Io – sapere) _____ che vai a stare in campagna. È vero?

13. Completate le frasi con *tutto*, *ogni* o *ognuno*.

a. _____ giorni faccio colazione al bar.

b. _____ anno vado in vacanza a Cortina.

c. _____ può fare lo sport che preferisce.

d. _____ possono partecipare ai giochi.

e. _____ invitato riceve i confetti.

f. _____ mattina mi alzo presto.

g. _____ fa come vuole.

h. _____ hanno ricevuto un invito.

14. Il brano è tratto dal romanzo *Volevo i pantaloni*, scritto nel 1989 da Lara Cardella, a quei tempi studentessa. Con questo libro Lara Cardella ha vinto un premio per giovani scrittori.

Leggete il testo e indicate poi se le affermazioni sono vere o false.

Avevo meno di dieci anni. In quel periodo più che con i miei genitori stavo da mia nonna, la madre di mio padre. Eravamo una famiglia unita: in quella casa si riunivano i fratelli e le sorelle di mio padre, con i loro figli. Io ero la nipote prediletta, sia da mia nonna che dai miei zii. Lei, addirittura la chiamavano «la nonna di Annetta». I miei zii, dal canto loro, si occupavano più di me che dei loro figli, mi coccolavano e mi riempivano di premure.

Era un periodo davvero felice della mia vita: uscivo da scuola, andavo da mia nonna che abitava a pochi metri di distanza e lì restavo per tutto il pomeriggio e la sera; talvolta dormivo pure là. I pomeriggi li trascorrevo in tutta serenità, giocando con i miei cugini e amici. Alcune volte andavamo da mia zia Vannina, che ci faceva giocare o ci raccontava storie di spiriti.

Mia zia Vannina era la sorella minore di mio padre e aveva un carattere allegro e, per certi versi, un po' infantile. Per noi bambini era una festa andare a casa sua, perché ci sentivamo più amati che a casa nostra. Lei non solo scendeva al nostro livello, giocando con noi, ma ci faceva pure salire al suo livello, ci faceva sentire grandi: ci faceva lavare le scale, i piatti, i vestiti e non ci dava niente in cambio, e non solo noi non ci lamentavamo, ma eravamo addirittura noi stessi a chiederle di farci fare quei lavori che, a casa nostra, fuggivamo come la peste. Ma lei aveva metodo e pazienza.

	v	f
a. Solo la nonna amava molto Annetta.	☐	☐
b. La casa della nonna era vicino alla scuola dove andava Annetta.	☐	☐
c. Il padre di Annetta era più giovane di sua sorella Vannina.	☐	☐
d. I bambini erano contenti di lavorare per la zia Vannina.	☐	☐
e. I bambini lavoravano volentieri anche a casa loro.	☐	☐

Grammatica

1. Forme dell'imperfetto

Verbi regolari

and*are*	→	anda-	**-vo**
prend*ere*	→	prende-	**-vi**
part*ire*	→	parti-	**-va**
cap*ire*	→	capi-	**-vamo**
			-vate
			-vano

Verbi irregolari

bere	→	beve-	**-vo**
fare	→	face-	**-vi**
dire	→	dice-	**-va**
tradurre	→	traduce-	**-vamo**
			-vate
			-vano

essere

ero
eri
era
eravamo
eravate
erano

Alla 3ª persona plurale l'accento cade sulla stessa sillaba delle tre persone singolari: prendevo – prendevano.
La 1ª e 2ª persona plurale hanno l'accento sulla penultima sillaba: prendevamo, prendevate.

2. Uso dell'imperfetto

▷ L'imperfetto si usa per indicare un'azione che si ripete abitualmente nel passato.

Il corso **era** organizzato molto bene: c'**erano** le lezioni tutte le mattine, poi c'**era** la pausa per il pranzo, il pomeriggio si **era** liberi e si **andava** in paese o **si restava** all'università.

Il fine-settimana si **partiva** sempre e si **andava** nei posti vicino a Montpellier o si **andava** al mare.

▷ L'imperfetto si usa spesso anche con verbi indicanti uno stato d'animo, come per es.: *essere, avere, sentire, sentirsi, stare*.

Il vecchietto **era** noiosissimo.
Avevamo il permesso di fare una passeggiata.
La «Tigre» **aveva** paura di essere scoperta.

3. Contrapposizione imperfetto-passato prossimo

▷ Il *passato prossimo* riferisce un'azione trascorsa e conclusa.
Si usa in genere assieme ad avverbi di tempo come *per un mese, per un anno, la settimana scorsa, ieri,* ecc.
L'*imperfetto* descrive invece un'azione passata considerata però nel suo svolgimento e quindi non conclusa.

Sono stato in Francia *per un mese* e **ho fatto** un corso di francese.	A Montpellier **abitavo** al campus.

▷ Il *passato prossimo* indica un'azione avvenuta una sola volta, l'*imperfetto* invece un'azione abituale o ripetuta.

Una volta **siamo stati** a Nizza.   (una sola volta)

A volte **si andava** nei posti   (azione ripetuta)
vicino a Montpellier.

▷ Si usa il passato prossimo o l'imperfetto a seconda se il fatto narrato sia considerato una *sequenza* di singole azioni (passato prossimo) oppure un fatto, una situazione abituale (imperfetto).

Io **ho** *sempre* **mangiato** bene. (sempre = senza alcuna eccezione; la prima volta, la seconda volta...)	**Si mangiava** *sempre* bene. (sempre = in generale; inizio e fine dell'azione sono irrilevanti)

▷ Alcuni verbi assumono significati diversi se usati al passato prossimo o all'imperfetto.

Ho saputo che sei stato in Francia.	Io ho studiato il francese. Non lo **sapevi**?
sapere = venire a conoscenza	sapere = essere a conoscenza
In Francia **ho conosciuto** molti studenti.	Io **conoscevo** già il francese. Io **conoscevo** già Parigi.
conoscere = fare conoscenza	

4. Costruzione con il «si» + *essere*

Gli aggettivi e i sostantivi che seguono la costruzione *si* impersonale + verbo *essere* vengono declinati al plurale anche se il verbo *essere* è alla forma singolare.

Il pomeriggio **si era** liber**i**/**si era** liber**e**.

Quando **si è** student**i**, si vive con pochi soldi.

5. Gerundio

Il gerundio modale sostituisce una proposizione secondaria in cui si descrive il modo in cui avviene un'azione.

Mi divertivo un mondo **scrivendo** temi e **andando** da lei a discuterne.

6. *Tutto, ogni, ognuno*

a. *Tutto* può essere sia un pronome (sostituisce cioè un nome) che un aggettivo (precede sempre un sostantivo):

Tutti si divertono.   (pronome)

Tutti i bambini si divertono.   (aggettivo)

b. *Ognuno* è un pronome, *ogni* è un aggettivo:

Ognuno è libero di seguire i propri sport.   (pronome)

Ogni famiglia può seguire i suoi orari.   (aggettivo)

Tavole grammaticali

In queste pagine vengono presentate le più importanti regole grammaticali presenti in questo libro.
I numeri fra parentesi rimandano alle lezioni in cui le forme compaiono per la prima volta.

ALFABETO

L'alfabeto italiano ha 21 lettere:

a	[a]	g	[dʒi]	o	[o]	u	[u]
b	[bi]	h	[akka]	p	[pi]	v	[vu, vi]
c	[tʃi]	i	[i]	q	[ku]	z	[dzɛːta]
d	[di]	l	[ɛlle]	r	[ɛrre]		
e	[e]	m	[ɛmme]	s	[ɛsse]		
f	[ɛffe]	n	[ɛnne]	t	[ti]		

Le lettere j [i lungo / lunga], k [kappa], w [vu doppio / doppia], x [iks]
e y [ipsilon] compaiono solo nelle parole straniere o in parole italiane
di origine straniera.

PRONUNCIA

Lettera	Suono		Esempio
a		[a]	anno, pane
b		[b]	bene, bambino, blu
c	davanti a e / i	[tʃ]	ciao, dieci, cena
	davanti a h	[k]	chiesa, anche, chi
		[k]	casa, amico, cura
d		[d]	data, dormire
e		[e]	bevo, mese
		[ɛ]	bello, bene, ecco
f		[f]	festa, fine, freddo
g	davanti a e / i	[dʒ]	gelato, giorno
	davanti a h	[g]	spaghetti, funghi
	davanti a li	[ʎ]	moglie, aglio, gli
	davanti a n	[ɲ]	signora, gnocchi
		[g]	gatto, grazie, prego
h	non si pronuncia		hotel, ho, hai, hanno
l		[l]	latte, molto, luna

Lettera	Suono		Esempio
m	[m]		mare, molto, tempo
n	[n]		notte, niente, andare
o	[o]		sole, attore
	[ɔ]		otto, cuore, modo
p	[p]		pasta, prego, posta
qu	[kw]		quattro, questo
r	[r]		Roma, treno, amore
s		[s]	sole, casa, sì, stare
		[z]	rosa, sbaglio, sveglia
	sce / sci	[ʃ]	scena, sciare
	sche / schi	[sk]	tedesche, tedeschi
	sca / sco / scu	[sk]	scala, tedesco, scusi
t	[t]		tutto, treno, otto
u	[u]		uno, austriaco, studio
v	[v]		Venezia, uva, inverno
z	[dz]		zero, zoo,
	[ts]		zucchero, marzo

NUMERALI

Numerali cardinali

0	zero						
1	uno	11	undici				
2	due	12	dodici	20	venti	21	ventuno
3	tre	13	tredici	30	trenta	32	trentadue
4	quattro	14	quattordici	40	quaranta	43	quarantatré
5	cinque	15	quindici	50	cinquanta	54	cinquantaquattro
6	sei	16	sedici	60	sessanta	65	sessantacinque
7	sette	17	diciassette	70	settanta	76	settantasei
8	otto	18	diciotto	80	ottanta	87	ottantasette
9	nove	19	diciannove	90	novanta	98	novantotto
10	dieci			100	cento	101	centouno
						102	centodue
						108	centootto
						109	centonove

200	duecento	250	duecentocinquanta
300	trecento	380	trecentottanta
1.000	mille	1.001	milleuno / mille e uno
		1.008	milleotto
2.000	duemila	2.350	duemilatrecentocinquanta
10.000	diecimila	50.000	cinquantamila
1.000.000	un milione	2.000.000	due milioni
1.000.000.000	un miliardo	3.000.000.000	tre miliardi

Numerali ordinali

1°	primo	6°	sesto	11°	undicesimo
2°	secondo	7°	settimo	12°	dodicesimo
3°	terzo	8°	ottavo	20°	ventesimo
4°	quarto	9°	nono	100°	centesimo
5°	quinto	10°	decimo	1000°	millesimo

ARTICOLO

L'articolo indeterminativo (Lez. 1, 2)

maschile

davanti a consonante e a vocale	**un**	prosecco
	un	aperitivo
davanti a *s* + consonante e a *z*	**uno**	spumante
	uno	zio

femminile

davanti a consonante	**una**	birra
	una	spremuta
davanti a vocale	**un'**	aranciata

L'articolo determinativo (Lez. 1, 2, 6)

	singolare	plurale
maschile		
davanti a consonante	**il** panino **il** signore	**i** panini **i** signori
davanti a *s* + consonante, a *z* e a *gn*	**lo** studente **lo** zucchino **lo** gnocco	**gli** studenti **gli** zucchini **gli** gnocchi
davanti a vocale	**l'** aperitivo	**gli** aperitivi
femminile davanti a consonante	**la** spremuta	**le** spremute
davanti a vocale	**l'** aranciata	**le** aranciate

SOSTANTIVI

Singolare e plurale dei sostantivi (Lez. 2, 3, 4, 5, 7)

	singolare	plurale	
maschile	il panin**o** il signor**e** il turist**a**	i panin**i** i signor**i** i turist**i**	I sostantivi in *-o* e in *-e* formano il plurale in *-i*. I sostantivi maschili in *-a* formano il plurale in *-i*.
femminile	la spremut**a** la turist**a** la pension**e**	le spremut**e** le turist**e** le pension**i**	I sostantivi femminili in *-a* formano il plurale in *-e*.

Particolarità

plurale invariato	singolare	plurale
sostantivi con l'accento sull'ultima sillaba	il caff**è** la citt**à**	i caff**è** le citt**à**
sostantivi che terminano con una consonante	il ba**r** l' autobu**s**	i ba**r** gli autobu**s**
forme abbreviate	il cinem**a** il frig**o** la fot**o** l' aut**o**	i cinem**a** i frig**o** le fot**o** le aut**o**

maschile	singolare	plurale	eccezione	
parole piane				
-co → -chi	tedesco	tedeschi	amico	amici
-go → -ghi	lago	laghi		
	albergo	alberghi		
parole sdrucciole				
-co → -ci	austriaco	austriaci		
-go → -gi	medico	medici		
	asparago	asparagi	dialogo	dialoghi
-i- atona:	orario	orari		
-io → -i	negozio	negozi		
-i- tonica:				
-io → -ii	zio	zii		
plurale irregolare	uomo	uomini		
	tempio	templi		

femminile	singolare	plurale
-ca → che	amica	amiche
-ga → ghe	collega	colleghe
consonante +	arancia	arance
-cia → -ce	mancia	mance
-gia → -ge	spiaggia	spiagge
vocale +		
-cia → -cie	camicia	camicie
-gia → -gie	valigia	valigie
o -i- tonica	farmacia	farmacie

singolare maschile	→	plurale femminile
l' uovo	→	le uova

AGGETTIVO

Formazione del plurale (Lez. 1, 2)

singolare	plurale		
Michele è italiano. Luciana è italiana.	Michele e Carlo sono italiani. Luciana e Rita sono italiane. Michele e Luciana sono italiani.	-o → -a →	-i -e
Robert è inglese. Jane è inglese.	Robert e John sono inglesi. Jane e Joan sono inglesi. Robert e Jane sono inglesi.	-e →	-i

Comparativo (Lez. 7)

▷ *più (meno) + aggettivo*
▷ *più (meno) + aggettivo + di + sostantivo (pronome)*

L'albergo è **più confortevole del residence**.
Giorgio è **meno bravo di Maria**.
La ragazza è **più brava di lui**.

▷ *aggettivo + come (quanto) + sostantivo (pronome)*

Non sono **brava come lui**.
Giorgio è **alto quanto suo fratello**.

Superlativo (Lez. 5)

Superlativo assoluto
(con «molto» oppure «-issimo»)

La camera è **molto** tranquilla.
La camera è tranquill**issima**.

Particolarità: buono → ottimo
cattivo → pessimo

Questo (Lez. 1)

quest**o** ragazzo	quest**i** ragazzi	*Questo* indica una persona o una cosa vicina a chi parla.
quest'uomo	quest**i** uomini	Al singolare si apostrofa davanti a vocale.
quest**a** ragazza	quest**e** ragazze	
quest'aranciata	quest**e** aranciate	

Aggettivi possessivi (Lez. 6, 7)

(io)	il **mio**		i **miei**		
(tu)	il **tuo**		i **tuoi**		
(lui / lei)	il **suo**	amico	i **suoi**	amici	
(Lei)	il **Suo**	libro	i **Suoi**	libri	
(noi)	il **nostro**	bambino	i **nostri**	bambini	
(voi)	il **vostro**		i **vostri**		
(loro)	il **loro**		i **loro**		

(io)	la **mia**		le **mie**		
(tu)	la **tua**		le **tue**		
(lui / lei)	la **sua**	amica	le **sue**	amiche	
(Lei)	la **Sua**	macchina	le **Sue**	macchine	
(noi)	la **nostra**	bambina	le **nostre**	bambine	
(voi)	la **vostra**		le **vostre**		
(loro)	la **loro**		le **loro**		

L'articolo si omette davanti ai nomi indicanti parentela.
Il possessivo *loro* è però sempre preceduto dall'articolo.

mio padre ma: **la loro sorella**
sua sorella   **il loro fratello**

AVVERBIO

Formazione dell'avverbio (Lez. 3, 4)

aggettivo:	aggettivo	avverbio
in -o	silenzioso →	silenzio**samente**
in -e	elegante →	elegante**mente**
in -le / -re	norma*le* →	normal**mente**
	regola*re* →	regolar**mente**

Forme particolari: buono → **bene**; cattivo → **male**

Sono variabili se usati come aggettivi e invariabili come avverbi:

certo È una cosa certa. / Ma certo!

molto Qui ci sono molti musei.   Questa città è molto bella.
Roma mi piace molto.
Vado molto spesso al cinema.

IL VERBO

«Avere» e «essere»

	avere	essere
io	ho	sono
tu	hai	sei
lui	ha	è
lei	ha	è
Lei	ha	è
noi	abbiamo	siamo
voi	avete	siete
loro	hanno	sono

I pronomi soggetto *io / tu / lui* etc. possono essere omessi. Si usano solo se si vuole mettere particolarmente in rilievo il soggetto.
I pronomi personali di cortesia sono *Lei* (+ la terza persona singolare del verbo) se ci si riferisce ad una persona; *voi* (+ la seconda persona plurale del verbo) o *Loro* (+ la terza persona plurale del verbo) se si ci riferisce a più persone.

Presente dei verbi regolari (Lez. 1, 2)

	-ARE	-ERE	-IRE	
	abitare	**prendere**	**sentire**	**preferire**
io	abit**o**	prend**o**	sent**o**	prefer**isco**
tu	abit**i**	prend**i**	sent**i**	prefer**isci**
lui / lei / Lei	abit**a**	prend**e**	sent**e**	prefer**isce**
noi	abit**iamo**	prend**iamo**	sent**iamo**	prefer**iamo**
voi	abit**ate**	prend**ete**	sent**ite**	prefer**ite**
loro	abit**ano**	prend**ono**	sent**ono**	prefer**iscono**

Verbi in *-care* e *-gare*:

cercare: cerco, cer**ch**i, cerca, cer**ch**iamo, cercate, cercano.
pagare: pago, pa**gh**i, paga, pa**gh**iamo, pagate, pagano.

Presente dei verbi irregolari

andare	vado	vai	va	andiamo	andate	vanno
dare	do	dai	dà	diamo	date	danno
dire	dico	dici	dice	diciamo	dite	dicono
dovere	devo	devi	deve	dobbiamo	dovete	devono
fare	faccio	fai	fa	facciamo	fate	fanno
potere	posso	puoi	può	possiamo	potete	possono
rimanere	rimango	rimani	rimane	rimaniamo	rimanete	rimangono
salire	salgo	sali	sale	saliamo	salite	salgono
sapere	so	sai	sa	sappiamo	sapete	sanno
scegliere	scelgo	scegli	sceglie	scegliamo	scegliete	scelgono
stare	sto	stai	sta	stiamo	state	stanno
tenere	tengo	tieni	tiene	teniamo	tenete	tengono
uscire	esco	esci	esce	usciamo	uscite	escono
venire	vengo	vieni	viene	veniamo	venite	vengono
volere	voglio	vuoi	vuole	vogliamo	volete	vogliono

Passato prossimo (Lez. 5)

Coniugazione con *avere*

io	ho	
tu	hai	parl**ato**
lei		av**uto**
lui	ha	sent**ito**
Lei		
		visto
noi	abbiamo	**fatto**
voi	avete	
		preso
loro	hanno	

Coniugazione con *essere*

io	sono	andat**o**
tu	sei	andat**a**
Lei	è	
lui	è	andat**o**
lei		andat**a**
noi	siamo	andat**i**
voi	siete	andat**e**
loro	sono	

Verbi irregolari al participio passato

aggiungere	→	**aggiunto**	offrire	→	**offerto**
aprire	→	**aperto**	perdere	→	**perso** (anche **perduto**)
chiedere	→	**chiesto**	prendere	→	**preso**
chiudere	→	**chiuso**	rimanere	→	**rimasto**
correre	→	**corso**	rispondere	→	**risposto**
decidere	→	**deciso**	scendere	→	**sceso**
dire	→	**detto**	scegliere	→	**scelto**
dividere	→	**diviso**	scrivere	→	**scritto**
essere	→	**stato**	spegnere	→	**spento**
fare	→	**fatto**	vedere	→	**visto** (anche **veduto**)
leggere	→	**letto**	venire	→	**venuto**
mettere	→	**messo**			

Imperfetto (Lez. 8)

Verbi regolari

andare	anda-	**-vo**
prendere	prende-	**-vi**
partire	parti-	**-va**
capire	capi-	**-vamo**
		-vate
		-vano

Verbi irregolari

bere	beve-	**-vo**
fare	face-	**-vi**
dire	dice-	**-va**
tradurre	traduce-	**-vamo**
		-vate
		-vano

essere: ero, eri, era, eravamo, eravate, erano.

Verbi riflessivi (Lez. 7)

Presente

(io)	mi	riposo
(tu)	ti	riposi
(lui) (lei) (Lei)	si	riposa
(noi)	ci	riposiamo
(voi)	vi	riposate
(loro)	si	riposano

Gerundio (Lez. 7, 8)

riparare	→	ripar**ando**	bere	→	bev**endo**
leggere	→	legg**endo**	dire	→	dic**endo**
sentire	→	sent**endo**	fare	→	fac**endo**
pulire	→	pul**endo**			

Forma perifrastica (azione progressiva e duratura)

Marco sta telefonando. (= telefona in questo momento)

Gerundio in proposizioni secondarie

modale   Mi divertivo scrivendo temi.

PRONOMI

Pronomi personali

soggetto	oggetto diretto		oggetto indiretto	
	atoni	*tonici*	*atoni*	*tonici*
io	mi	me	mi	a me
tu	ti	te	ti	a te
lui	lo	lui	gli	a lui
lei	la	lei	le	a lei
Lei	La	Lei	Le	a Lei
noi	ci	noi	ci	a noi
voi	vi	voi	vi	a voi
loro	li / le	... loro	gli / ... loro	a loro

Il pronome «ne» (Lez. 6)

Hai degli amici in Italia?   Sì, **ne** ho due.
Sì, **ne** ho molti.

La costruzione con «si» (Lez. 5, 8)

▷ **verbi senza oggetto diretto** → *si* + terza persona singolare

Da qui si arriva al mare in pochi minuti.

▷ **verbi con oggetto diretto** → *si* + terza persona singolare o plurale

In fattoria si può gustare il pane fresco.

Allo Zoosafari si possono vedere i leoni.

▷ **con** *essere* → *si* + terza persona singolare di *essere* + aggettivo/sostantivo plurale:

Il pomeriggio si era liberi/si era libere.

Quando si è studenti, si vive con pochi soldi.

PREPOSIZIONI

+	il	l'	lo	la	i	gli	le
a	al	all'	allo	alla	ai	agli	alle
di	del	dell'	dello	della	dei	degli	delle
da	dal	dall'	dallo	dalla	dai	dagli	dalle
in	nel	nell'	nello	nella	nei	negli	nelle
su	sul	sull'	sullo	sulla	sui	sugli	sulle

*La preposizione **a***

▷ **Stato in luogo o moto a luogo**

Sono	a	Roma.
		casa.
		scuola.
		teatro.
Vado	al	bar.
Vengo	alla	spiaggia.
	all'	estero.

▷ **Tempo**

a mezzogiorno   a Capodanno
alle cinque   a presto!

▷ **Modo**

andare a piedi
spaghetti alla bolognese
tagliare a fette
fatto a mano

▷ **Con altre preposizioni**

accanto all'edicola
di fronte al bar
davanti alla banca
fino al semaforo

▷ **Con alcuni verbi**

cominciare a studiare
andare a mangiare

La preposizione in

▷ **Stato in luogo o moto a luogo**

Sono / Vado	in	Italia.
		un bar.
		montagna.
		via Dante.
		fabbrica.
		Toscana.
	nel	Veneto.
	nelle	Marche.
	negli	Stati Uniti.

▷ **Modo**

prendere un caffè in piedi
andare in macchina

▷ **Tempo**

in estate

*La preposizione **da***

▷ **Stato in luogo o moto a luogo (persone)**

Vado	da	Guido.
		te.
Sono	dal	medico.
	dai	miei genitori.

▷ **Moto da luogo**

Torno dall'ufficio.

Una telefonata dalla camera.

▷ **Davanti a un verbo**

Cosa avete da mangiare?
C'è da camminare molto?

▷ **In correlazione con la preposizione «a»:**

Dal 3 al 5 marzo
Dalle 8.00 alle 9.00
A pochi chilometri da Pisa.

▷ **Tempo**

Abito a Firenze da sei anni.

▷ **Fine**

la vasca da bagno

*La preposizione **di***

▷ **Provenienza**

Di dove sei?
Sono di Firenze.

▷ **Tempo**

di mattina / di sera
di giorno / di notte

▷ **Materia, contenuto**

una bottiglia di birra
un bicchiere di vino

▷ **Quantità**

ho 10 minuti di tempo
un chilo di pomodori
un po' di zucchero
un litro di latte

▷ **Partitivo**

Ho visto dei posti interessanti.

▷ **Specificazione**

gli orari dei negozi
le chiavi della tua casa

▷ **Con alcuni verbi**

Ho voglia di bere qualcosa.

▷ **Argomento**

corso di francese
libro di storia

▷ **Dopo un comparativo**

Mario è più alto di Carlo.

La preposizione **con**

▷ **Compagnia e unione**

Sono qui con Paolo.
Una coca cola con ghiaccio.

▷ **Mezzo**

partire con il treno
pagare con la carta di credito

▷ **Qualità**

una piazza con due fontane

La preposizione **fra**

▷ **Luogo**

Viaggio romantico fra trulli
e borghi medioevali.

▷ **Tempo**

Fra un'ora arrivo.
Fra le sette e mezza e le otto.

La preposizione **su**

▷ **Luogo**

La camera dà sul cortile.
Sulla destra vede il museo.

GLOSSARIO

Glossario delle lezioni

Lo spazio a destra è riservato alla traduzione nella lingua madre. Le parole in grassetto appartengono al vocabolario del Livello soglia. L'asterisco (*) indica che il verbo ha una forma irregolare al presente o al passato prossimo.

I verbi che si coniugano come finire (finisco) sono indicati (-isc). Il punto sotto le parole indica dove cade l'accento.

①
la **lezione**
ciao
Come stai?
come
andare (lui, lei va)
a
la **casa**
di
che
abitare
con
la **madre**
l'ascolto
ascoltare
Ascoltate tre volte il dialogo

e alla fine di ogni ascolto

confrontate quanto
avete capito
con un compagno diverso

segnare con una crocetta
l'**informazione** (f.)
esatto
essere* (lui/lei è)
in
il **salotto**
la **cucina**
il **giardino**
(lo) spagnolo
(il) portoghese
(il) brasiliano
in
l'Italia
la **vacanza**
il **lavoro**
per
per lavoro
studiare
per studiare
(l') italiano
il/la **giornalista**
l'architetto
l'**insegnante** (m.+f.)
bere* (lui, lei beve)
un
il prosecco

②
il dialogo

buonasera
la **signora**
bene
e
E Lei come sta?
stare bene/male
non c'è male
male
grazie
buongiorno
il **signor(e)**
abbastanza bene
abbastanza
benissimo

③
incontrare
che cosa?
dire* (lui/lei dice)
formate altre coppie
fate i dialoghi

④
tutto bene?
tutto
senti!
sentire
ti presento
presentare
la mia amica
l'**amica**
piacere
completare
formale
confidenziale
il mio amico
l'**amico**
molto
lieto

⑤
questo

⑥
il **dottore**
la dottoressa

⑦
E adesso tocca a voi!
toccare

⑧
Scusa, come ti chiami?
scusare
scusa!
come...?

220

chiamarsi
ma
il **cognome** *(m.)*
non
no
di dove?
di

⑨
(l') inglese
(l') americano

⑩
(il) tedesco
(l') austriaco
(il) francese
(il) canadese
(l') argentino
(il) norvegese
(il) danese
(lo) svizzero

⑪
vivere*
in
il Brasile
o
a
parlare
sì
eh sì
perché
l'origine *(f.)*
Ah, ecco!
fare*
adesso
qui
Che lavoro fai?
che

⑫
la **domanda**
rispondere*
secondo il modello qui sopra
la Germania
l'Austria
la Francia
il Canada
la Spagna
l'Argentina
la Norvegia
la Danimarca
la Svizzera
l'ingegnere *(m.+ f.)*
l'**impiegata**
il **commesso**
il **medico**
la **segretaria**
l'operaio, -a
la casalinga
il/la farmacista

⑬
l'avvocato *(m.+f.)*

⑭
invece
anche
lavorare
il liceo
dove?
vicino a
la **farmacia**
l'**ufficio**
l'**agenzia**
lo studio legale
lo **studio**

⑮
completare
confrontare
il **compagno**

la **scuola**
il **supermercato**

⑯
intervistare
almeno
chiedere*
chiedete loro ...

⑰
Ragazzi, prendete qualcosa?

ragazzi
il **ragazzo**
prendere
qualcosa
volentieri
la **signorina**
analcolico
preferire (-isc)
prego
Alla salute!
Cin cin!

⑱
l'**acqua minerale**
l'**acqua**
il **vino**
il vino rosso
il vino bianco
bianco
rosso
l'aranciata
la **birra**
lo spumante

⑲
la lettura
scrivere*
la e-mail *(f.)*

GLOSSARIO

caro
la vita
il momento
piccolo
il problema
il mese
prossimo
partire
per
la Sardegna
partire per la Sardegna
quindi
cercare
la baby sitter
il bambino
conoscere
la ragazza
serio
simpatico
disposto a
venire*
il giorno
presto
cari saluti
il saluto
rispondere
forse
trovare
avere*
ha 19 anni
avere ... anni
da
l'anno
studiare
la pedagogia
capire (-isc)
un po'
il numero di telefono
il numero
il telefono
l'indirizzo
l'indirizzo mail
a presto
chi?
la lingua
maschile
femminile

LEZIONE 1 - ESERCIZI

⑱
la libreria

㉒
la banca
matematica
architettura
la settimana

LEZIONE 2

①
Che cosa prendi?
il bar
il listino prezzi
la caffetteria
il caffè
l'espresso
il caffè corretto

decaffeinato
il caffelatte
il latte
il cappuccino

il cioccolato
il the, (tè)
la camomilla
il punch
l'aperitivo
la marca
l'Aperol
l'analcolico
il Bianco Sarti
l'amaro
il liquore
nazionale
il brandy
il brandy riserva
la grappa

estero
il cognac
il whisky
il vermouth
il bicchiere
il vino (da) dessert
il porto
la bibita
grande
la lattina
la bottiglia
la spremuta
lo sciroppo
la spuma
il succo di frutta
la cedrata
la gassosa
lo snack
la pasta
il panino
la pizza
la tartina
il toast
la focaccia
la brioche

②
oggi
bello

la **giornata**
mentre
passeggiare
il **centro**
vedere*
stanco
la **sete**
avere sete
avere fame
la **fame**
caro
bere
ordinare
il tramezzino
la pizzetta
il medaglione
l'**appuntamento**
il/la **collega**
il/la conoscente
alle undici
a mezzogiorno
mezzogiorno
all'una

③
Senta, scusi!

senta!
scusi!
desiderare
dunque
vorrei
il **limone**

④
seguente
la consumazione

il cornetto
la crema
la marmellata
liscio
il **ghiaccio**
il **prosciutto**
il **salame**
caldo
freddo
il **gelato**
senza
la panna
alcolico
dolce
amaro

⑤
mangiare
lo spuntino
guardare
poi
magari
solito
il tonno
il **pomodoro**

la mozzarella
gli spinaci *(pl.)*
il fungo
c'è

⑥
l' ordinazione *(f.)*

⑦
il **cameriere**
il **cliente**
offrire
ingrediente
l'asparago
la melanzana
la zucchina
l'uovo, le uova
il gamberetto
il **formaggio**
il radicchio

⑧
pagare
subito
però faccio io
però
Ma dai!
sempre
Lascia!
lasciare
Quant'è?
Ecco qui.
Tenga pure il resto.
pure
tenere*
il **resto**
potrebbe ...?
potere*
il **portacenere**
per cortesia
certo
ecco

⑩
il centesimo
lo **zucchero**

⑪
un altro, un'altra
il tovagliolo
il **cucchiaino**

⑫
lo **scontrino**
il prezzo

⑭
leggere*
la **cartolina**
la **mamma**
il **papà**
la **campagna**

GLOSSARIO

il **posto**
noioso
per fortuna
la **fortuna**
la **città**
esserci
molto
il **locale**
carino
qui vicino
la **discoteca**
la **sera**
spesso
la **macchina**
andare*
ballare
mentre
restare
guardare
la televisione
tutto l'anno
fino a
la **fine**
poi
tornare
perché
fare un salto
fra
la **settimana**
quando
esserci
l'abbraccio

⑮
la **torre**
la torre pendente
i nuraghi *(pl.)*

il **museo**
Biennale

⑰
a base di
il **succo**
la pesca
essere buono
buono
volere*
assaggiare
piacere
a quest'ora
l'**ora**
Che ore sono?
tra un po'
tra
devo andare
avere tempo
il **tempo**
E va bene
dai!
la **ragione**
avere ragione
il salatino

la nocciolina

⑱
scoprire
il **gusto**
il vicino di banco
la patatina

⑲
il **quarto**
mezzo/mezza
mezzanotte

⑳
domandare
l'**ora**
attenzione!
mezz'ora
dopo

㉑
la fragola
la coca cola
il rum

LEZIONE 2 - ESERCIZI

②
gasata
naturale

⑤
il carciofino

⑬
alla spina

⑳
l'**insalata**

㉓
il rito
ripetere
tante volte
alcuni bar
il cliente abituale
l'abbonamento
dire caffè e dire espresso
  è la stessa cosa
esistono diversi tipi di caffè
ristretto
doppio
lungo
macchiato
ottimo
dopo un pranzo
  abbondante
avere problemi di cuore

la regione

normale
al sud
in estate
la granita di caffè

ghiacciato
un modo simpatico
la mattina
se

㉔
la tazza

LEZIONE 3

①
la camera
prenotato
quale
la sistemazione
il campeggio
la pineta
la soluzione
economico
per chi
amare
all'aria aperta
l'aria
aperto
all'insegna di
l'arte (f.)
toscano
la tranquillità
il benessere
la salute
l'ambiente
elegante
l'azienda agrituristica
la quiete
genuino

②
la portineria
il televisore
la doccia
il bagno
la sveglia
la forma di pagamento
il frigo-bar
l'aria condizionata
il/la receptionist
la camera doppia
doppio
la camera singola
la camera matrimoniale
matrimoniale
desiderare
luminoso
silenzioso
il passaporto
la carta d'identità

la patente
dovere*
prenotare
la valigia
il bagaglio
il garage

③
Attenda un momento.

attendere
la stanza
esattamente
Le do la chiave.

dare*
la chiave
vero?
dà sul cortile interno
interno
dare su
su
il cortile

④
ripetere
la variazione
il letto
la notte
tranquillo
rumoroso
all'ultimo piano
ultimo
il piano
la strada
al primo piano
primo

⑤
il parco

⑥
la cena
a che ora?
la colazione
eventualmente
possibile
fare colazione
certo

⑦
pranzare
cenare
il pranzo

⑧
Posso ...?
Potrei ...?
mi dispiace
avere la sveglia
la mezza pensione
l'interurbana
la pensione completa

225

GLOSSARIO

completo
il **gatto**
l'**asciugamano**
l'**assegno**
la **carta di credito**

(10)
parcheggiare
qui davanti
Non so se dà fastidio.
se
sapere*
dare fastidio
non c'è problema
comunque
lì
disturbare
comunque
Non si preoccupi!

preoccuparsi
assolutamente
l'**ascensore** (m.)
guardi!
a più tardi!
tardi
arrivederci
la **pensione**
l'**ostello della gioventù**
la **gioventù**
il motel
la locanda

(11)
la sala da pranzo
la **sala**
a sinistra
là
in fondo
là in fondo
a destra
la **scala**
là dietro
dietro

(14)
il **fax**
compreso
corsi di acquarello
il **corso**
l'acquarello
la tivù
la sala biliardo
il biliardo
la **piscina**
il **tennis**
il fitness
l'idromassaggio
il **parcheggio**
aperto da metà marzo
ai primi di novembre
la **metà**
il marzo

il novembre
il numero verde

verde
regionale
chiuso
il gennaio
la suite
il minibar
la cassaforte
il fon
aperti alla clientela esterna

la clientela
esterno
il centro benessere e salute

massaggi fisioterapici

il massaggio
lo shiatsu
la sauna
il bagno turco
il solarium
la palestra
il garage convenzionato
la **bicicletta**
a disposizione
solo
pernottare

(15)
fare a meno

(16)
da ... a ...
Quanto viene ...?
quanto?
va bene
cento
l'alfabeto
la **lettera**
fare parte di
la **parte** (f.)

(17)
formare
la coppia
telefonare
la **prenotazione**

(18)
spettabile (spett.)
confermare
telefonico
l'**appartamento**
la **persona**
il dicembre
Vi prego ...
pregare
riservare
il posto macchina

il **posto**
valido
cordiali saluti

cordiale
il **saluto**
la telefonata
con lettino aggiunto

il lettino
l'ottobre *(m.)*
il maggio
il **nome**
il codice di avviamento
  postale (cap)
il **messaggio**
il febbraio
il marzo
con servizio di
  mezza pensione
desidererei
dalla parte del parco
in attesa di
la conferma
inviare
invio
 distinti saluti
da solo

LEZIONE 3 - ESERCIZI

⑨
ammesso
l'**animale**

⑮
il convento
l'alternativa
la suora
il prete
sostenere
le spese di gestione
offrire ospitalità
il viaggiatore di passaggio
chiedere*
cattolico
rispettare
l'**abitudine** *(f.)*
monastico
di stile spartano
semplice
a volte
l'**orario**
il rientro
osservare
basso
la **zona**
il **centro**
per esempio
la casa

diverso
la sala comune
la **vista**
il chiostro
la **chiesa**
l'olivo
risalire a
l'affresco
confortevole
libero
ospitale
l'**arrivo**
il portone principale

⑳
è condotto in proprio da ...

sin dal 1946
completamente
rinnovato
nelle sue strutture
la struttura
situato nel centro storico

l'**ambiente** *(m.)*
curato
confortevole
tutte le camere
essere dotato
la filodiffusione
la **cucina**
conosciuta per la sua
  genuinità
la **tradizione**
assieme a
famoso
il rosatello
prodotto
direttamente
dai vigneti di proprietà

LEZIONE 4

①
la **mattina**
libero
visitare
vostro
la galleria
la palazzina
situata
situare
realizzare

tra
l'**esempio**
tipico
la **famiglia**
romano
l'**inizio**

GLOSSARIO

il **secolo**
ospitare
tra le altre
l'opera
chiuso
chiudere*
obbligatorio
la prenotazione
il biglietto
intero
ridotto
il **servizio**
la guida acustica
il guardaroba
la sala conferenza
multimediale
la toilette
il laboratorio didattico

l'accesso disabili
la visita guidata
il **taxi**
nazionale
moderno
contemporaneo
l'edificio
costruire (-isc)
l'Esposizione Universale
l'**esposizione**
l'**ingresso**
consentito
il **minuto**
prima di
la chiusura
metà prezzo
il visitatore
lo **studente**
la **biblioteca**
la caffetteria
l'imperatore (m.)
il mausoleo
per sé
il successore
all'interno
la collezione d'armi
l'arma
il dipinto
la scultura
la memoria

la **storia**
il **castello**
l'audioguida

②
il/la **turista**
chiedere informazioni
arrivare
l'**autobus** (m.)
il **tram**
la **metropolitana**
normalmente
il lunedì

il martedì
il mercoledì
il giovedì
il venerdì
il sabato
la domenica
non può
il restauro
le **ferie** (pl.)

③
permettere*
dica!
Mi può dire …?
potere*
dispiacere
non lo so
sapere*
non sono di qui
il **vigile**
senz'altro
La ringrazio.
ringraziare
non c'è di che

⑤
il Palazzo delle Esposizioni
il **palazzo**
il **teatro**
lo zoo
la **via**
le Terme di Caracalla
gli Studi di Canale 5
l'opera
la **piazza**
la galleria
i Musei Vaticani

⑥
l'aiuto
ricostruire
il testo originale
il **testo**
controllare
a piedi
beh
lontano
ci
passare
qui vicino
vicino
accanto a
l'**edicola**
scendere*
la **fermata**
davanti a
di fronte a
il **cinema**
la **trattoria**
la stazione centrale
la **stazione**
i **giardini pubblici**
il **ponte**

228

la **posta**
la **polizia**
la **banca**
la scuola media

⑦
l'ufficio postale
il **distributore**
la **chiesa**

⑨
un pochino avanti
avanti
seguire
riconoscere
il **mercato**
attraversare
la **fontana**

⑩
le Catacombe *(pl.)*

⑪
andare dritto (diritto)
dritto (diritto)
l'**incrocio**
la traversa
l'**angolo**
girare
il **semaforo**
il **messaggio**
la **segreteria telefonica**
il **quartiere**
segnare
la **piantina**
accompagnare

⑫
completare
verificare
purtroppo
dopodomani
la novità
la riunione di lavoro
la **riunione**
difficile
l'**indicazione** *(f.)*
il capolinea
venire*
proprio davanti
fino a
continuare
il **metro**
pure
il **tabaccaio**
domani
lasciare
uscire*
verso
pensare
Buon viaggio!
il **viaggio**

⑬
immaginare
spiegare

⑭
il mezzo pubblico
pubblico
passare
consigliare

⑮
la frase
corrispondere
la **foto** (fotografia)
così
il **negozio**
l'esercizio pubblico
l'orario di apertura
l'**orario**
uguale
ogni
il **comune**
infatti
il sindaco
decidere*
quindi
variare
stesso
la **regione**
di solito
il **giorno feriale**
la **mattina**
circa
il **pomeriggio**
alcuni
il **grande magazzino**
diverso
l'ipermercato
l'**orario continuato**
durante
in genere
gli alimentari
il **mare**
la **montagna**
la località turistica
l'alta stagione
la **stagione**
a volte
il **giorno festivo**
la **farmacia di turno**
di turno
inoltre
aprire*
di notte
normale
quasi
il **giornale**
ogni giorno
a turno
il giorno di riposo
l'ora di pranzo
ovviamente

GLOSSARIO

succedere
l'autostrada
la stazione di servizio

⑯
salutare
entrare
l'esame *(m.)*

LEZIONE 4 - ESERCIZI

③
egizio

⑤
la cabina telefonica

⑬
l'orologio

㉑
il pubblico
raccogliere
l'opera
proveniente
il cardinale
il principe
il membro
che si compone di
fatto costruire

a partire da
la fine
terminare
acquistato
più tardi
già nominato
appartenere
lo Stato
esempio
superstite
antico
ammirare
oltre a
numeroso
età rinascimentale e barocca
splendido
il mobile
magnifico
l'arredo
il piano terra
celebre
prospettico
ideato
nove metri scarsi
dare l'impressione
un costante richiamo

straniero

LEZIONE 5

①
il viaggio
la pubblicità
romantico
il passato
il trullo
il borgo
medioevale
il colore
il profumo
la natura
antico
incontaminato
splendido
la zona
ricco
il mistero
archeologico
la patria
il tartufo
famoso

②
il posto
girare
in macchina
il treno
dormire
i genitori
lo zio
il cugino
il villaggio turistico
affittare
l'appartamentino
tornare

③
a proposito
in giro
lungo
l'aereo
partire
il volo
speciale
il prezzo speciale

④
frequentare
cambiare
comprare
andare a trovare
l'influenza
partire in autostop
ieri sera
ieri
la partita
stare

230

⑤
prima
mai
addirittura
costare
un occhio della testa
l'**ospite** *(m.+f.)*
nulla

⑥
interessante
praticare
il souvenir
lo **sport**

⑦
il mostro
il lago
la villa

⑧
niente
notare

⑩
l'occasione *(f.)*
pronto
non ancora
ancora
le **ferie** *(pl.)*
la tendenza
ormai
contagiare
affollare
l'agenzia di viaggio
l'**agenzia**
lo **sconto**
bastare
scegliere*
la **meta**
giusto
la **spiaggia**
essere pronto
accogliere
il ritardatario
Tirolo
oppure
Carinzia
portare
il gorilla
il leone
offrire
la **cittadina**
la **collina**
incantevole
dimenticare
il **sole**
la marina
ai piedi di
vecchio
la città vecchia
lungo

il litorale
il chilometro
il bungalow
giocare a tennis
giocare
praticare
il tiro con l'arco
praticare la vela
il golf
la canoa
la **moda**
il **luogo**
decisamente
l'amante *(m.+f.)*
il **soggiorno**
la fattoria
gustare
il **pane** *(m.)*
appena sfornato
il bagno di fieno

⑬
l'escursione *(f.)*
infatti
insomma
tanto
per niente

⑭
così, così
affatto
la **festa**
il **film**
il **libro**

⑮
il sito Internet
l'**Internet** *(f.)*
l'utente *(m.+f.)*
ricevere
il **consiglio**
turistico
rigorosamente
fai da te
fare da sé
in lungo e in largo
Rodi
più
lo scooter
scoprire*
incredibile
il **paese**
il pescatore
il turismo di massa
viaggiare
il pullman
sano come un pesce
sano
consentire
poiché
il tour operator
la guida turistica

GLOSSARIO

la **guida**
raccontare
la **stella**
i ragazzi
la **voglia**
spendere
poco
appena
la **sorpresa**
era
direttamente
attrezzato
il lettino
l'ombrellone *(m.)*
inoltre
assistere
lo **spettacolo**
folcloristico
il commento
disperato
alloggiare
risparmiare
convenire
conviene
iniziare
la libertà
cominciare
facile
consultare

il **traghetto**
semplice
la **moto**
pulito
la **gente**
quindi
ora
organizzarsi
lontano
accettare

l'**isola**
azzurro
basso
felice
sereno
il viaggio organizzato

⑯
dividere
il **foglio**
il quaderno
la parte
la colonna
ausiliare

⑰
porsi le domande

⑱
navigare in Internet
il resoconto

LEZIONE 5 - ESERCIZI

⑤
l'ex compagno di scuola

⑥
favoloso

⑧
la matematica

⑨
la **macchina fotografica**
fare spese

⑩
il dialetto

LEZIONE 6

①
il **piatto**
già
cucinare
l'**antipasto**
il melone
l'**insalata**
il crostino

la bruschetta

il **primo piatto**
i maccheroni
le penne
all'arrabbiata
la **pasta**
il fagiolo
il **risotto**
gli gnocchi
le orecchiette
alla pugliese
il minestrone
il **secondo piatto**
il **pesce**
il fritto misto

fritto
misto
la sogliola
panata
ai ferri
il baccalà
alla veneta
le cozze
alla marinara
la trota
la trota alla mugnaia
la trancia

232

il pesce spada
alla griglia
la **carne**
la braciola di maiale
il **maiale**
il filetto di manzo
l'ossobuco (*pl.* ossibuchi)
la scaloppina
il marsala
l'arrosto di vitello
l'**arrosto**
il forno
l'involtino
il fegato
il pollo al mattone
il **pollo**
il coniglio
alla cacciatora
la trippa
il **contorno**
la rucola
il fagiolino
la **patata**
al forno
il carciofo
alla giudia
il **burro**
la peperonata
i funghi trifolati

la **frutta**
il **dolce**
la frutta di stagione
la **stagione**
la macedonia
fresco
la torta
la panna cotta
il crème caramel

②
il **menù**
nominare
la descrizione
la padella
la ciotola di terracotta
il tegame
il rosmarino

③
Si accomodino!
accomodarsi

il **tavolo**
la **persona**
perfetto

⑤
la **specialità**
nostro
vostro
la porzione
ne

⑥
gli **spaghetti**
il ragù
i rigatoni
il sugo
le trenette
il pesto
i tortellini
il brodo
i bucatini
all'amatriciana

le lasagne
alla carbonara
la minestra di verdure
la **minestra**
la **verdura**
il gorgonzola
lo sformato
le vongole
l'aglio
l'olio
le linguine
i **frutti di mare**
i cannelloni
i cannelloni di magro

il risotto alla milanese

⑦
abbondante
appena
l'assaggio
i tortelli
la zucca
il **pezzo**
la **nonna**
la **fetta**

⑨
il **grammo**
il mazzetto
lo spicchio
il peperoncino
il **sale**
il pecorino
il parmigiano
pelare
spezzettare
tagliare
a fettine sottili
sottile
fare dorare
aggiungere
salare
fare cuocere
cuocere
lavare
grossolanamente
la salsa
mescolare

233

GLOSSARIO

intanto
salato
al dente
scolare
unire (isc)
servire
grattugiato

⑪
preparare

⑫
surgelato
la seppia
lo scampo
il dentice

⑬
la bistecca
al sangue
ben cotto
bollito
la cipolla
le fettuccine
lo spiedo
gratinato
Buon appetito!
l'appetito

⑭
il calamaro
il gambero
il **conto**
per favore

⑯
l'**osteria**
nato intorno al 1930
intorno a
nascere*
distante
il Cupolone
si trova
trovarsi
conservare
la **tradizione**
culinario
la **capitale** (f.)
il divo
la **parete**
sbagliare indirizzo
sbagliare
l'arredamento
preannunciare
la sobrietà
la tovaglia di carta
la carta
solido
significare
povertà
invece
il **sapore**
sofisticato

bensì
schietto
corposo
del resto
assomigliare
fare quattro chiacchiere
la **chiacchiera**
il sughetto
la salsiccia
casareccio
la bieta
la cicoria
ripassare in padella

la **moglie**
legato
inventare
particolarmente apprezzato
apprezzare
la **differenza**
rispetto a
la **ricetta**
classico
accompagnato
l'autoironia
i figli
il **figlio**
la **figlia**
dedicare
il **tempo libero**
il, la loro
per questo
chiacchierare
mandare giù
la provenienza
il **fine settimana**
infatti
la **corsa**
il **denaro**
interessare

LEZIONE 6 - ESERCIZI

④
il **cane**

⑧
i pomodori pelati
il basilico
a fuoco basso

il **fuoco**

⑪
veloce
lussuoso
lo stilista

il polso
costoso
intenso

⑯
la **musica**

⑰
essere occupato
i **dintorni**
semplicemente

⑱
il più delle volte
la **sorpresa**
esposto
correre il rischio
salato
consumare
saltare
soltanto
restare sorpreso
sono segnate due voci

il **coperto**
il **servizio**
tuttavia
soddisfatto
la **mancia**
per legge
rilasciare
la **ricevuta fiscale**
la **ricevuta**
il **diritto**
il **dovere**

LEZIONE 7

①
la **giornata**
il **gusto**
la **passeggiata**
fare sport
fare conoscenza
fare acquisti
fare fotografie
la **gita**
stare in compagnia
prendere il sole
fare il bagno

②
puntuale
essere in ritardo
il **marito**
riparare
la **motocicletta**
giocare a carte
avere bisogno di riposo
avere bisogno di qc.
il **riposo**
l'**espressione** (f.)
usare
congratularsi con

Auguri!
Congratulazioni!
Complimenti!

③
Pronto!
a pochi chilometri da

fare un salto

aspettare
d'accordo

④
la **cabina telefonica**
a due passi da ...
il **passo**
l'**autogrill** (m.)
un paio d'ore
un paio

⑤
fermarsi
andare via
magari

⑥
fare due chiacchiere

finire (isc)
avere un impegno
l'**impegno**

⑦
ricordarsi
quel, quella
scorso
il **compleanno**
fare piacere
l'**invito**
essere contento
proprio
contento
rivedere
naturalmente

⑧
invitare
breve

⑨
nessuno
giù
da
stare (+gerundio)
sentirsi

⑩
la **terrazza**
stamattina
lavare
il **soggiorno**

GLOSSARIO

mettere in ordine
mettere*
la diapositiva
la camera da letto
il balcone
la cantina
il computer

⑪
il cellulare
informarsi
trovarsi

⑫
annoiarsi
anzi
riposarsi
trovarsi bene
personalmente
alzarsi
svegliarsi
fare jogging
al solito
correre
E sì, niente.

⑬
la difficoltà
avere difficoltà
sentirsi in forma

⑭
il paradiso
divertirsi
divertirsi un mondo
fare freddo
nevicare
rimanere*
il tempo
sciare
la mattinata
bravo
perciò
iscriversi*
il corso di sci
confortevole
il residence
divertirsi un sacco

⑮
comodo
la tenda
la roulotte
conveniente
difficile
facile
la storia
la matematica
divertente
il circo
il cabaret
forte
il politico

il filosofo
rilassante
le terme
la crociera

⑰
la tabella
secondo voi
la percentuale
almeno
meno di
fra
l'uomo (pl. gli uomini)
il quotidiano
la donna
abitualmente
la mostra
verificare
il divoratore di televisione
l'amante (m.+ f.)
refrattario a
il ritratto
l'Istat (Istituto Centrale di Statistica)
rendere noto
il risultato
il sondaggio
lo svago

di età superiore ai 3 anni
l'età
superiore
almeno
soprattutto
il campione

intervistare
il picco
la popolazione
in misura diversa

la misura
a seconda che ...
trattarsi
in discesa
il lettore
il livello
dieci anni fa
fa
in questo caso
battere
crescere
l'attenzione
frequentare
oltre

⑱
l'affinità
giornalmente
la trasmissione
particolarmente
raramente

236

LEZIONE 7 - ESERCIZI

④
aiutare

⑤
giocare a calcio

⑧
addormentarsi

⑨
fare la spesa

⑩
in tutt'altro modo

⑪
in occasione
particolare
la cerimonia
il battesimo
la prima comunione
le nozze
regalare
il confetto
la mandorla
il sacchetto
il tulle
il bigliettino
il festeggiato
l'avvenimento
il rinfresco di matrimonio
la presenza
il regalo
la bomboniera

l'oggetto
l'argento
la porcellana
dispari
portare fortuna
la tradizione
resistere
tradizionale
il fidanzamento
la laurea

⑫
sereno
velato
poco nuvoloso
nuvoloso
molto nuvoloso
variabile
la **neve**
la **pioggia**
la grandine
il temporale
la **nebbia**

il **vento**
il vento debole
il vento moderato
il vento forte
il mare calmo
il mare mosso
il mare molto mosso
il mare agitato

⑯
suonare
farsi la barba
vestirsi
pronto
il **ragazzo**
asciugarsi
truccarsi
pettinarsi
arrabbiarsi
occupato
sbrigarsi
mettersi

LEZIONE 8

①
Non lo sapevo!
il corso in agriturismo
l'agriturismo
a domicilio
presso
la **sede**
l'ente *(m.)*
l'associazione *(f.)*
l'**azienda**
fare richiesta
la **richiesta**
l'argomento
a scelta
la **scelta**
rapporto qualità-prezzo
il **rapporto**
la **qualità**
tra i migliori
tra
attualmente
riscontrabile
il corso di cucina
tenuto
alcuni
presso
nato dalla richiesta ...
sperimentare
con le mani in pasta
il metodo
la preparazione
l'alimento
il/la corsista
ampio
partecipare
vegetariano

237

GLOSSARIO

vario
lo **svolgersi**
interessato
il **costo**
il **supplemento**
alloggiare
la partecipazione
lo sci
dare il benvenuto
l'appassionato dello sci
il corso carving
il corso snowboard
la **neve**
aspirante
il **maestro**
domenicale
il gruppo preorganizzato

il **gruppo**
individuale
la **gara**
settimanale

②
il principiante
essere laureato in tedesco

③
accidenti!

④
la **durata**
l'attività
svolgere
fare un giro
il windsurf

⑤
essere organizzato
la **lezione**
la pausa per il pranzo
la **pausa**
l'**università**
trovare il pelo nell'uovo

soddisfatto

⑥
occupato
la relazione
impegnato
intorno al fuoco
il **fuoco**
cantare

⑦
la casa dello studente
imparare
avere contatto

⑧
una volta

⑨
la mensa
il **calcio**

⑪
il consigliere comunale
il deputato
il Parlamento Europeo
la **pagina**
autobiografico
Vestivamo alla marinara
il trasferimento
il convento
la suora
intelligente
sensibile
il tema
mettere da parte
perdere*
il personaggio
la madre
insegnare
la letteratura
chiamare
in questo modo
il **modo**
da allora
discutere*
portare
sedere
lo sgabello
il vecchietto
scrupoloso
descrivere
il **quadro**
noioso
la **pittura**
affascinare
il collegio
la tigre
la **paura**
il **permesso**
trascinare
di corsa
lungo le strade
grasso
morire
ridere*
essere scoperto
la **cosa**
proibito

⑭
la **rivista**
la rivista specializzata
lassù
incontrare
il **traffico**

⑮
laurearsi

Non lo sapevo proprio.

238

⑯
essere laureato in legge
la legge
trasferirsi

⑰
l'**estero**
qualche volta
qualcosa di particolare
particolare

⑱
indipendente
ognuno
piccolo o grande che sia
libero
il ritmo
proprio
la **passione**
a partire da
il **bimbo**
lo **spazio**
il **gioco**
organizzare
l'**adulto**
matto
lo sguardo
attento
finalmente
ritrovare
sospirato
il tête-à-tête (franc.)
la **riva**
il **cavallo**
permettersi*
la felicità
l'animatore (m.)
la **parola**

⑲
fare amicizia
l'amicizia
allegramente

LEZIONE 8 - ESERCIZI

②
la **palla**

④
salire
scendere

⑥
la **terra**
rotondo
dimostrare
per terra
l'**uccello**

il prete
il sinonimo
la **guerra**

⑦
il **bosco**

⑨
la colonia estiva
calmo
la felicità
il **finestrino**

⑪
siccome
c'è luce
la **luce**
migliorare

⑭
il **padre**
eravamo una famiglia unita
essere unito
riunirsi (-isc)

la nipote
prediletto
sia ... che ...
addirittura
dal canto loro
coccolare
riempire di premure

felice
a pochi metri di distanza
la distanza
talvolta
la serenità
ci raccontava storie di spiriti

la **storia**
lo spirito
il carattere
allegro
infantile
per certi versi
sentirsi amato
non solo ... ma anche ...
scendeva al nostro livello

il livello
ci faceva salire al suo livello

ci faceva sentire grandi

non ci dava niente in cambio
lamentarsi
fuggire come la peste
la pazienza

239

Elenco parole in ordine alfabetico

La prima cifra indica la lezione, la seconda l'attività. L'asterisco indica che il verbo ha una forma irregolare al presente o al passato prossimo.

La cifra 0 si riferisce a testi o ad illustrazioni posti prima del "Questionario".

a

a **1** 1 | **1** 11
a base di **2** 17
a che ora? **3** 6
a destra **3** 11
a disposizione **3** 14
a domicilio **8** 1
a due passi da ... **7** 4
a fuoco basso **6** E 8
a partire da **4** E 21 | **8** 18
a piedi **4** 6
a più tardi! **3** 10
a pochi chilometri da **7** 3
a pochi metri **8** E 15
a presto **1** 19
a proposito **5** 3
a quest'ora **2** 17
a scelta **8** 1
a seconda che ... **7** 17
a sinistra **3** 11
a turno **4** 15
a volte **3** E 15 | **4** 15
abbastanza **1** 2
abbastanza bene **1** 2
abbonamento **2** E 23
abbondante **2** E 23 | **6** 7
abbraccio **2** 14
abitare **1** 1
abitualmente **7** 17
abitudine **3** E 15
accanto a **4** 6
accesso disabili **4** 1
accettare **5** 15
accidenti! **8** 3
accogliere **5** 10
accomodarsi **6** 3
accompagnare **4** 11
accompagnato **6** 16
acqua **1** 18
acqua minerale **1** 18
acquarello **3** 14
acquistare **4** E 21
addirittura **5** 5
addormentarsi **7** E 5
adesso **1** 11
adulto **8** 18
aereo **5** 3
affascinare **8** 11
affatto **5** 14
affinità **7** 18
affittare **5** 2
affollare **5** 10
affresco **3** E 15
agenzia **1** 14 **5** 10
agenzia di viaggio **5** 10
aggiungere **6** 9
aglio **6** 6

agriturismo **8** 1
Ah ecco! **1** 11
ai ferri **6** 1
ai piedi di **5** 10
aiutare **7** E 4
aiuto **4** 6
al dente **6** 9
al forno **6** 1
al sangue **6** 13
al solito **7** 12
al sud **2** E 23
alcolico **2** 4
alcuni **2** E 23 | **4** 15 | **8** 1
alfabeto **3** 16
alimentari **4** 15
alimento **8** 1
all'amatriciana **6** 6
all'aria aperta **3** 1
all'arrabbiata **6** 1
all'insegna di **3** 1
all'interno **4** 1
alla cacciatora **6** 1
alla carbonara **6** 6
alla giudia **6** 1
alla griglia **6** 1
alla marinara **6** 1
alla pugliese **6** 1
Alla salute! **1** 17
alla spina **2** E 13
allegramente **8** 19
allegro **8** E 15
alloggiare **5** 15 | **8** 1
almeno **1** 16 | **7** 17
alta stagione **4** 15
alternativa **3** E 15
alzarsi **7** 12
amante **5** 10 **7** 17
amare **3** 1
amaro **2** 1
amaro **2** 4
ambiente **3** 1
americano **1** 9
amica **1** 4
amicizia **8** 19
amico **1** 4
ammesso **3** E 9
ammirare **4** E 21
ampio **8** 1
analcolico **1** 17 | **2** 1
anche **1** 14
ancora **5** 10
andare **1** 1 | **2** 14
andare a trovare **5** 4
andare dritto **4** 11
andare via **7** 5
angolo **4** 11
animale **3** E 9
animatore **8** 18

anno **1** 19
annoiarsi **7** 12
antico **4** E 21 | **5** 1
antipasto **6** 1
anzi **7** 12
aperitivo **2** 1
aperto **3** 1 | **3** 14
appartamentino **5** 2
appartamento **3** 18
appartenere **4** E 21
appassionato **8** 1
appena **5** 10 | **5** 15 | **6** 7
appetito **6** 13
apprezzato **6** 16
appuntamento **2** 2
aprire **4** 15
aranciata **1** 18
archeologico **5** 1
architetto **1** 1
architettura **1** E 22
Argentina **1** 12
argentino **1** 10
argento **7** E 11
argomento **8** 1
aria **3** 1
aria condizionata **3** 2
arma **4** 1
arrabbiarsi **7** E 16
arredamento **6** 16
arredo **4** E 21
arrivare **4** 2
arrivederci **3** 10
arrivo **3** E 15
arrosto **6** 1
arte **3** 1
ascensore **3** 10
asciugamano **3** 8
asciugarsi **7** E 16
ascoltare **1** 1
ascolto **1** 1
asparago **2** 7
aspettare **7** 3
aspirante **8** 1
assaggiare **2** 17
assaggio **6** 7
assegno **3** 8
assieme a **3** E 20
assistere **5** 15
associazione **8** 1
assolutamente **3** 10
assomigliare **6** 16
attendere **3** 3
attento **8** 18
attenzione **7** 17
attenzione! **2** 20
attività **8** 4
attraversare **4** 9
attrezzato **5** 15

attualmente **8** 1
audioguida **4** 1
Auguri! **7** 2
ausiliare **5** 16
Austria **1** 12
austriaco **1** 10
autobiografico **8** 11
autobus **4** 2
autogrill **7** 4
autoironia **6** 16
autostop **5** 4
autostrada **4** 15
avanti **4** 9
avere **1** 19
avere ... anni **1** 19
avere bisogno di qc. **7** 2
avere contatto **8** 7
avere difficoltà **7** 13
avere fame **2** 2
avere la sveglia **3** 8
avere ragione **2** 17
avere sete **2** 2
avere tempo **2** 17
avere un impegno **7** 6
avvenimento **7** E 11
avvocato **1** 13
azienda **8** 1
azienda agrituristica **3** 1
azzurro **5** 15

b

baby sitter **1** 19
baccalà **6** 1
bagaglio **3** 2
bagno **3** 2
bagno di fieno **5** 10
bagno turco **3** 14
balcone **7** 10
ballare **2** 14
bambino **1**,19
banca **1** E 22 | **4** 6
bar **2** 1
barocco **4** E 21
basilico **6** E 8
basso **3** E 15 | **5** 15
bastare **5** 10
battere **7** 17
battesimo **7** E 11
beh **4** 6
bello **2** 2
ben cotto **6** 13
bene **1** 2
benessere **3** 1
benissimo **1** 2
bensì **6** 16
bere **1** 1 | **2** 2

240

bianco **1** 18
bibita **2** 1
biblioteca **4** 1
bicchiere **2** 1
bicicletta **3** 14
Biennale **2** 15
bieta **6** 16
bigliettino **7** E 11
biglietto **4** 1
biliardo **3** 14
bimbo **8** 18
birra **1** 18
bistecca **6** 13
bollito **6** 13
bomboniera **7** E 11
borgo **5** 1
bosco **8** E 7
bottiglia **2** 1
braciola **6** 1
brandy **2** 1
Brasile **1** 11
brasiliano **1** 1
bravo **7** 14
breve **7** 8
brioche **2** 1
brodo **6** 6
bruschetta **6** 1
bucatini **6** 6
bungalow **5** 10
buon appetito! **6** 13
Buon viaggio! **4** 12
buonasera **1** 2
buongiorno **1** 2
buono **2** 17
burro **6** 1

c

c'è **2** 5
cabaret **7** 15
cabina telefonica **4** E 5 | **7** 4
caffè **2** 1
caffè corretto **2** 1
caffelatte **2** 1
caffetteria **2** 1 **4** 1
calamaro **6** 14
calcio **8** 9
caldo **2** 4
calmo **8** E 9
cambiare **5** 4
camera **3** 1
camera da letto **7** 10
camera doppia **3** 2
camera matrimoniale **3** 2
camera singola **3** 2
cameriere **2** 7
camomilla **2** 1
campagna **2** 14
campeggio **3** 1
campione **7** 17
Canada **1** 12
canadese **1** 10

cane **6** E 4
cannelloni **6** 6
cannelloni di magro **6** 6
canoa **5** 10
cantare **8** 6
cantina **7** 10
capire **1** 19
capitale **6** 16
capolinea **4** 12
cappuccino **2** 1
carattere **8** E 15
carciofino **2** E 5
carciofo **6** 1
cardinale **4** E 21
carino **2** 14
Carinzia **5** 10
carne **6** 1
caro **1** 19 **2** 2
carta **6** 16
carta d'identità **3** 2
carta di credito **3** 8
cartolina **2** 14
carving **8** 1
casa **1** 1 | **3** E 15
casa dello studente **8** 7
casalinga **1** 12
casareccio **6** 16
cassaforte **3** 14
castello **4** 1
Catacombe **4** 10
cattolico **3** E 15
cavallo **8** 18
cedrata **2** 1
celebre **4** E 21
cellulare **7** 11
cena **3** 6
cenare **3** 7
centesimo **2** 10
cento **3** 16
centro **2** 2 | **3** E 15
centro storico **3** E 20
cercare **1** 19
cerimonia **7** E 11
certo **2** 8 | **3** 6
che **1** 1 | **1** 11
che cosa? **1** 3
Che ore sono? **2** 17
chi? **1** 19
chiacchiera **6** 16
chiacchierare **6** 16
chiamare **8** 11
chiamarsi **1** 8
chiave **3** 3
chiedere **1** 16 | **3** E 15
chiedere informazioni **4** 2
chiesa **3** E 15 | **4** 7
chilometro **5** 10
chiostro **3** E 15
chiudere **4** 1
chiuso **3** 14 | **4** 1
chiusura **4** 1
ci **4** 6
ciao **1** 1

cicoria **6** 16
Cin cin! **1** 17
cinema **4** 6
cioccolato **2** 1
ciotola di terracotta **6** 2
cipolla **6** 13
circa **4** 15
circo **7** 15
città **2** 14
cittadina **5** 10
classico **6** 16
cliente **2** 7
cliente abituale **2** E 23
clientela **3** 14
coca cola **2** 21
coccolare **8** E 15
codice di avviamento
    postale **3** 18
cognac **2** 1
cognome **1** 8
colazione **3** 6
collega **2** 2
collegio **8** 11
collezione d'armi **4** 1
collina **5** 10
colonia estiva **8** E 9
colonna **5** 16
colore **5** 1
come **1** 1
Come stai? **1** 1
come? **1** 8
cominciare **5** 15
commento **5** 15
commesso **1** 12
comodo **7** 15
compagno **1** 15
compleanno **7** 7
completamente **3** E 20
completare **1** 4
completo **3** 8
Complimenti! **7** 2
comprare **5** 4
compreso **3** 14
computer **7** 10
comune **4** 15
comunque **3** 10
con **1** 1
con le mani in pasta **8** 1
conferma **3** 18
confermare **3** 18
confetto **7** E 11
confidenziale **1** 4
confortevole **3** E 15 |
    3 E 20 | **7** 14
confrontare **1** 15
congratularsi con **7** 2
Congratulazioni! **7** 2
coniglio **6** 1
conoscente **2** 2
conoscere **1** 19
conosciuto **3** E 20
consentire **5** 15
consentito **4** 1

conservare **6** 16
consigliare **4** 14
consigliere comunale **8** 11
consiglio **5** 15
consultare **5** 15
consumare **6** E 18
consumazione **2** 4
contagiare **5** 10
contemporaneo **4** 1
contento **7** 7
continuare **4** 12
conto **6** 14
contorno **6** 1
controllare **4** 6
conveniente **7** 15
convenire **5** 15
convento **3** E 15 | **8** 11
convenzionato **3** 14
conviene **5** 15
coperto **6** E 18
coppia **1** 3 | **3** 17
cordiale **3** 18
cornetto **2** 4
corposo **6** 16
correre **7** 12
correre il rischio **6** E 18
corrispondere **4** 15
corsa **6** 16
corsista **8** 1
corso **3** 14
corso di cucina **8** 1
corso di sci **7** 14
cortile **3** 3
cosa **8** 11
così **4** 15
così così **5** 14
costante **4** E 21
costare **5** 5
costare un occhio della
    testa **5** 5
costo **8** 1
costoso **6** E 11
costruire **4** 1
cozze **6** 1
crema **2** 4
crème caramel **6** 1
crescere **7** 17
crociera **7** 15
crostino **6** 1
cucchiaino **2** 11
cucina **1** 1 | **3** E 20
cucinare **6** 1
cugino **5** 2
culinario **6** 16
cuocere **6** 9
cuore **2** E 23
Cupolone **6** 16
curato **3** E 20

d

da **1** 19 7 9
da ... a ... **3** 16
da allora **8** 11
da solo **3** 18
d'accordo **7** 3
dai! **2** 17
dal canto loro **8** E 15
dalla parte di ... **3** 18
danese **1** 10
Danimarca **1** 12
dare **3** 3
dare fastidio **3** 10
dare il benvenuto **8** 1
dare in cambio **8** E 15
dare su **3** 3
davanti **4** 12
davanti a **4** 6
decaffeinato **2** 1
decidere **4** 15
decisamente **5** 10
dedicare **6** 16
del resto **6** 16
denaro **6** 16
dentice **6** 12
deputato **8** 11
descrivere **8** 11
descrizione **6** 2
desiderare **2** 3 | **3** 2
di **1** 1 | **1** 8
di corsa **8** 11
di dove? **1** 8
di fronte a **4** 6
di notte **4** 15
di solito **4** 15
di turno **4** 15
dialetto **5** E 10
dialogo **1** 2
diapositiva **7** 10
dica! **4** 3
dicembre **3** 18
dietro **3** 11
differenza **6** 16
difficile **4** 12 **7** 15
difficoltà **7** 13
dimenticare **5** 10
dimostrare **8** E 6
dintorni **6** E 17
dipinto **4** 1
dire **1** 3
direttamente **3** E 20 | **5** 15
diritto **4** 11
diritto **6** E 18
discoteca **2** 14
discutere **8** 11
dispari **7** E 11
disperato **5** 15
dispiacere **4** 3
disposto a **1** 19
distante **6** 16
distanza **8** E 15
distinti saluti **3** 18

distributore **4** 7
disturbare **3** 10
diverso **3** E 15 | **4** 15
divertente **7** 15
divertirsi **7** 14
divertirsi un mondo **7** 14
divertirsi un sacco **7** 14
dividere **5** 16
divo **6** 16
divoratore di televisione **7** 17
doccia **3** 2
dolce **2** 4 **6** 1
domanda **1** 12
domandare **2** 20
domani **4** 12
domenica **4** 2
domenicale **8** 1
donna **7** 17
dopo **2** 20
dopodomani **4** 12
doppio **2** E 23 | **3** 2
dormire **5** 2
dottore **1** 6
dottoressa **1** 6
dove? **1** 14
dovere **3** 2 | **6** E 18
dritto **4** 11
dunque **2** 3
durante **4** 15
durata **8** 4

e

e **1** 2
ecco **2** 8
Ecco qui. **2** 8
economico **3** 1
edicola **4** 6
edificio **4** 1
egizio **4** E 3
eh sì **1** 11
elegante **3** 1
e-mail **1** 19
ente **8** 1
entrare **4** 16
era **5** 15
esame **4** 16
esattamente **3** 3
esatto **1** 1
escursione **5** 13
esempio **4** 15
esercizio pubblico **4** 15
esistere **2** E 23
esposizione **4** 1 **4** 5
esposto **6** E 18
espressione **7** 2
espresso **2** 1
esserci **2** 14
essere **1** 1
essere buono **2** 17
essere contento **7** 7
essere dotato **3** E 20

essere in ritardo **7** 2
essere laureato **8** 2
essere occupato **6** E 17
essere organizzato **8** 5
essere pronto **5** 10
essere scoperto **8** 11
essere segnato **6** E 18
essere unito **8** E 15
esterno **3** 14
estero **2** 1 **8** 17
età **4** E 21 | **7** 17
eventualmente **3** 6
ex compagno di scuola **5** E 5

f

fa **7** 17
facile **5** 15 | **7** 15
fagiolino **6** 1
fagiolo **6** 1
fai da te **5** 15
fame **2** 2
famiglia **4** 1
famoso **3** E 20 | **5** 1
fare **1** 11
fare a meno **3** 15
fare acquisti **7** 1
fare amicizia **8** 19
fare colazione **3** 6
fare conoscenza **7** 1
fare cuocere **6** 9
fare da sé **5** 15
fare dorare **6** 9
fare due chiacchiere **7** 6
fare fotografie **7** 1
fare freddo **7** 14
fare i dialoghi **1** 3
fare il bagno **7** 12
fare jogging **7** 12
fare la spesa **7** E 9
fare parte di **3** 16
fare piacere **7** 7
fare quattro chiacchiere **6** 16
fare richiesta **8** 1
fare spese **5** E 9
fare sport **7** 1
fare un giro **8** 4
fare un salto **2** 14 | **7** 3
farmacia **1** 14
farmacia di turno **4** 15
farmacista **1** 12
farsi la barba **7** E 16
fattoria **5** 10
favoloso **5** E 6
fax **3** 14
febbraio **3** 18
fegato **6** 1
felice **5** 15
felicità **8** 18 | **8** E 9
femminile **1** 19
ferie **4** 2 | **5** 10
fermarsi **7** 5

fermata **4** 6
festa **5** 14
festeggiato **7** E 11
fetta **6** 7
fettina **6** 9
fettuccine **6** 13
fidanzamento **7** E 11
figlia **6** 16
figlio **6** 16
filetto **6** 1
film **5** 14
filodiffusione **3** E 20
filosofo **7** 15
finalmente **8** 18
fine **2** 14
fine settimana **6** 16
finestrino **8** E 9
finire **7** 6
fino a ... **2** 14 | **4** 12
fisioterapici **3** 14
fitness **3** 14
focaccia **2** 1
foglio **5** 16
folcloristico **5** 15
fon **3** 14
fontana **4** 9
forma di pagamento **3** 2
formaggio **2** 7
formale **1** 4
formare **1** 3 | **3** 17
forno **6** 1
forse **1** 19
forte **7** 15
fortuna **2** 14
foto **4** 15
fra **2** 14 | **7** 17
fragola **2** 21
francese **1** 10
Francia **1** 12
frase **4** 15
freddo **2** 4
frequentare **5** 4 | **7** 17
fresco **6** 1
frigo-bar **3** 2
fritto **6** 1
fritto misto **6** 1
frutta **6** 1
frutta di stagione **6** 1
frutti di mare **6** 6
fuggire come la peste **8** E 15
funghi trifolati **6** 1
fungo **2** 5
fuoco **6** E 8 | **8** 6

g

galleria **4** 1 | **4** 5
gamberetto **2** 7
gambero **6** 14
gara **8** 1
garage **3** 2
gasata **2** E 2

gassosa **2** 1
gatto **3** 8
gelato **2** 4
genitori **5** 2
gennaio **3** 14
gente **5** 15
genuinità **3** E 20
genuino **3** 1
Germania **1** 12
ghiacciato **2** E 23
ghiaccio **2** 4
già **6** 1
giardini pubblici **4** 6
giardino **1** 1
giocare **5** 10
giocare a calcio **7** E 5
giocare a carte **7** 2
giocare a tennis **5** 10
gioco **8** 18
giornale **4** 15
giornalista **1** 1
giornalmente **7** 18
giornata **2** 2 | **7** 1
giorno **1** 19
giorno di riposo **4** 15
giorno feriale **4** 15
giorno festivo **4** 15
giovedì **4** 2
gioventù **3** 10
girare **4** 11 | **5** 2
gita **7** 1
giù **7** 9
giusto **5** 10
gnocchi **6** 1
golf **5** 10
gorgonzola **6** 6
gorilla **5** 10
grammo **6** 9
grande **2** 1
grande magazzino **4** 15
grandine **7** E 12
granita **2** E 23
grappa **2** 1
grasso **8** 11
gratinato **6** 13
grattugiato **6** 9
grazie **1** 2
grossolanamente **6** 9
gruppo **8** 1
guardare **2** 5
guardaroba **4** 1
guerra **8** E 6
guida **5** 15
guida acustica **4** 1
guida turistica **5** 15
gustare **5** 10
gusto **2** 18 | **7** 1

i

ideato **4** E 21
idromassaggio **3** 14
ieri **5** 4
ieri sera **5** 4
il più delle volte **6** E 18
immaginare **4** 13
imparare **8** 7
impegnato **8** 6
impegno **7** 6
imperatore **4** 1
impiegata **1** 12
impressione **4** E 21
in **1** 1 | **1** 11
in attesa di **3** 18
in discesa **7** 17
in estate **2** E 23
in fondo **3** 11
in genere **4** 15
in giro **5** 3
in lungo e in largo **5** 15
in macchina **5** 2
in misura diversa **7** 17
in occasione **7** E 11
in questo caso **7** 17
in questo modo **8** 11
in tutt'altro modo **7** E 10
incantevole **5** 10
incontaminato **5** 1
incontrare **1** 3 | **8** 14
incredibile **5** 15
incrocio **4** 11
indicazione **4** 12
indipendente **8** 18
indirizzo **1** 19
indirizzo mail **1** 19
individuale **8** 1
infantile **8** E 15
infatti **4** 15 | **5** 13 | **6** 16
influenza **5** 4
informarsi **7** 11
informazione **1** 1
ingegnere **1** 12
inglese **1** 9
ingrediente **2** 7
ingresso **4** 1
iniziare **5** 15
inizio **4** 1
inoltre **4** 15 | **5** 15
insalata **2** E 20 | **6** 1
insegnante **1** 1
insegnare **8** 11
insomma **5** 13
intanto **6** 9
intelligente **8** 11
intenso **6** E 11
interessante **5** 6
interessare **6** 16
interessato **8** 1
Internet **5** 15
interno **3** 3
intero **4** 1

interurbana **3** 8
intervistare **1** 16 | **7** 17
intorno a **6** 16
intorno al fuoco **8** 6
invece **1** 14 | **6** 16
inventare **6** 16
inviare **3** 18
invitare **7** 8
invito **7** 7
involtino **6** 1
ipermercato **4** 15
ippopotamo **5** 10
iscriversi* **7** 14
isola **5** 15
Istat **7** 17
Italia **1** 1
italiano **1** 1

l

là **3** 11
là dietro **3** 11
là in fondo **3** 11
la stessa cosa **2** E 23
laboratorio didattico **4** 1
lago **5** 7
lamentarsi **8** E 15
lasagne **6** 6
lasciare **2** 8 | **4** 12
lassù **8** 14
latte **2** 1
lattina **2** 1
laurea **7** E 11
laurearsi **8** 15
lavare **6** 9 | **7** 10
lavorare **1** 14
lavoro **1** 1
legato **6** 16
legge **8** 16
leggere **2** 14
Lei **1** 2
leone **5** 10
lettera **3** 16
letteratura **8** 11
lettino **3** 18 | **5** 15
letto **3** 4
lettore **7** 17
lettura **1** 19
lezione **1** 1 | **8** 5
lì **3** 10
libero **3** E 15 | **4** 1 | **8** 18
libertà **5** 15
libreria **1** E 18
libro **5** 14
liceo **1** 14
lieto **1** 4
limone **2** 3
lingua **1** 19
linguine **6** 6
liquore **2** 1
liscio **2** 4
listino prezzi **2** 1

litorale **5** 10
livello **7** 17 | **8** E 15
locale **2** 14
località turistica **4** 15
locanda **3** 10
lontano **4** 6 | **5** 15
loro **6** 16
luce **8** E 11
luminoso **3** 2
lunedì **4** 2
lungo **2** E 23 | **5** 3 | **5** 10
luogo **5** 10
lussuoso **6** E 11

m

ma **1** 8
maccheroni **6** 1
macchiato **2** E 23
macchina **2** 14
macchina fotografica **5** E 9
macedonia **6** 1
madre **1** 1 | **8** 11
maestro **8** 1
magari **2** 5 | **7** 5
maggio **3** 18
magnifico **4** E 21
mai **5** 5
maiale **6** 1
male **1** 2
mamma **2** 14
mancia **6** E 18
mandare giù **6** 16
mandorla **7** E 11
mangiare **2** 5
marca **2** 1
mare **4** 15
mare agitato **7** E 12
mare calmo **7** E 12
mare mosso **7** E 12
marina **5** 10
marito **7** 2
marmellata **2** 4
marsala **6** 1
martedì **4** 2
marzo **3** 14
maschile **1** 19
massaggio **3** 14
matematica **1** E 22 | **5** E 8 | **7** 15
matrimoniale **3** 2
mattina **2** E 23 | **4** 1 | **4** 15
mattinata **7** 14
matto **8** 18
mausoleo **4** 1
mazzetto **6** 9
medaglione **2** 2
medico **1** 12
medioevale **5** 1
melanzana **2** 7
melone **6** 1
membro **4** E 21

memoria **4** 1
meno di **7** 17
mensa **8** 9
mentre **2** 14 | **2** 2
menù **6** 2
mercato **4** 9
mercoledì **4** 2
mescolare **6** 9
mese **1** 19
messaggio **3** 18 | **4** 11
metà **3** 14
meta **5** 10
metà prezzo **4** 1
metodo **8** 1
metro **4** 12
metropolitana **4** 2
mettere **7** 10
mettere da parte **8** 11
mettere in ordine **7** 10
mettersi **7** E 16
mezza pensione **3** 8
mezzanotte **2** 19
mezzo pubblico **4** 14
mezzo/mezza **2** 19
mezzogiorno **2** 2
mezz'ora **2** 20
mi dispiace **3** 8
migliorare **8** E 11
minestra **6** 6
minestrone **6** 1
minibar **3** 14
minuto **4** 1
mio **1** 4
mistero **5** 1
misto **6** 1
misura **7** 17
mobile **4** E 21
moda **5** 10
modello **1** 12
moderno **4** 1
modo **2** E 23 | **8** 11
moglie **6** 16
molto **1** 4 | **2** 14
momento **1** 19 | **3** 3
monastico **3** E 15
montagna **4** 15
morire **8** 11
mostra **7** 17
mostro **5** 7
motel **3** 10
moto **5** 15
motocicletta **7** 2
mozzarella **2** 5
multimediale **4** 1
Musei Vaticani **4** 5
museo **2** 15
musica **6** E 16

n

nascere **6** 16
nato **6** 16
natura **5** 1
naturale **2** E 2
naturalmente **7** 7
navigare in Internet **5** 18
nazionale **2** 1 | **4** 1
ne **6** 5
nebbia **7** E 12
negozio **4** 15
nessuno **7** 9
neve **7** E 12 | **8** 1
nevicare **7** 14
niente **5** 8
nipote **8** E 15
no **1** 8
nocciolina **2** 17
noioso **2** 14 | **8** 11
nome **3** 18
nominare **6** 2
nominato **4** E 21
non **1** 8
non ancora **5** 10
non c'è di che **4** 3
non c'è male **1** 2
non c'è problema **3** 10
nonna **6** 7
normale **2** E 23 | **4** 15
normalmente **4** 2
norvegese **1** 10
Norvegia **1** 12
nostro **6** 5
notare **5** 8
notte **3** 4
novembre **3** 14
novità **4** 12
nozze **7** E 11
nulla **5** 5
numero **1** 19
numero di telefono **1** 19
numero verde **3** 14
numeroso **4** E 21
nuraghi **2** 15
nuvoloso **7** E 12

o

o **1** 11
obbligatorio **4** 1
occasione **5** 10
occupato **7** E 16 | **8** 6
offrire **2** 7 | **5** 10
oggetto **7** E 11
oggi **2** 2
ogni **4** 15
ognuno **8** 18
olio **6** 6
olivo **3** E 15
oltre **7** 17
oltre a **4** E 21

ombrellone **5** 15
opera **4** 1 | **4** 5
operaio **1** 12
oppure **5** 10
ora **2** 17 | **5** 15
orario **3** E 15 | **4** 15
orario continuato **4** 15
orario di apertura **4** 15
ordinare **2** 2
ordinazione **2** 6
orecchiette **6** 1
organizzare **8** 18
organizzarsi **5** 15
origine **1** 11
ormai **5** 10
orologio **4** E 13
ospitale **3** E 15
ospitalità **3** E 15
ospitare **4** 1
ospite **5** 5
osservare **3** E 15
ossobuco **6** 1
ostello della gioventù **3** 10
ottimo **2** E 23
ottobre **3** 18
ovviamente **4** 15

p

padella **6** 2
padre **8** E 15
paese **5** 15
pagare **2** 8
pagina **8** 11
palazzina **4** 1
palazzo **4** 5
palestra **3** 14
palla **8** E 2
panata **6** 1
pane **5** 10
panino **2** 1
panna **2** 4
panna cotta **6** 1
papà **2** 14
paradiso **7** 14
parcheggiare **3** 10
parcheggio **3** 14
parco **3** 5
parete **6** 16
Parlamento Europeo **8** 11
parlare **1** 11
parmigiano **6** 9
parola **8** 18
parte **3** 16 | **5** 16
partecipare **8** 1
partecipazione **8** 1
particolare **7** E 11
particolare **8** 17
particolarmente **6** 16 | **7** 18
partire **1** 19 | **5** 3
partita **5** 4
passaporto **3** 2

passare **4** 14 | **4** 6
passato **5** 1
passeggiare **2** 2
passeggiata **7** 1
passione **8** 18
passo **7** 4
pasta **2** 1 | **6** 1
patata **6** 1
patatina **2** 18
patente **3** 2
patria **5** 1
paura **8** 11
pausa **8** 5
pazienza **8** E 15
pecorino **6** 9
pedagogia **1** 19
pelare **6** 9
penne **6** 1
pensare **4** 12
pensione **3** 10
pensione completa **3** 8
peperonata **6** 1
peperoncino **6** 9
per **1** 1 | **1** 19
per certi versi **8** E 15
per chi **3** 1
per cortesia **2** 8
per esempio **3** E 15
per favore **6** 14
per fortuna **2** 14
per legge **6** E 18
per niente **5** 13
per questo **6** 16
per sé **4** 1
per terra **8** E 6
percentuale **7** 17
perché **1** 11 | **2** 14
perciò **7** 14
perdere **8** 11
perfetto **6** 3
permesso **8** 11
permettere **4** 3
permettersi * **8** 18
pernottare **3** 14
però **2** 8
persona **3** 18 | **6** 3
personaggio **8** 11
personalmente **7** 12
pesca **2** 17
pescatore **5** 15
pesce **6** 1
pesce spada **6** 1
pesto **6** 6
pettinarsi **7** E 16
pezzo **6** 7
piacere **1** 4
piacere **2** 17
piano **3** 4
piano terra **4** E 21
piantina **4** 11
piatto **6** 1
piazza **4** 5
picco **7** 17

244

piccolo **1** 19
pineta **3** 1
pioggia **7** E 12
piscina **3** 14
pittura **8** 11
più **5** 15
più di **5** 15
pizza **2** 1
pizzetta **2** 2
poco **5** 15
poi 2 14 **2** 5
poiché **5** 15
politico **7** 15
polizia **4** 6
pollo **6** 1
pollo al mattone **6** 1
polso **6** E 11
pomeriggio **4** 15
pomodori pelati **6** E 8
pomodoro **2** 5
ponte **4** 6
popolazione **7** 17
porcellana **7** E 11
porsi **5** 17
portacenere **2** 8
portare **5** 10 | **8** 11
portare fortuna **7** E 11
portineria **3** 2
porto **2** 1
portoghese **1** 1
portone principale **3** E 15
porzione **6** 5
possibile **3** 6
posta **4** 6
posto **2** 14 | **3** 18 | **5** 2
posto macchina **3** 18
potere **2** 8 | **3** 8 | **4** 3
povertà **6** 16
pranzare **3** 7
pranzo **2** E 23 | **3** 7
praticare **5** 6 | **5** 10
preannunciare **6** 16
prediletto **8** E 15
preferire **1** 17
pregare **3** 18
prego **1** 17
prendere **1** 17
prendere il sole **7** 1
prenotare **3** 2
prenotato **3** 1
prenotazione **3** 17 | **4** 1
preoccuparsi **3** 10
preorganizzato **8** 1
preparare **6** 11
preparazione **8** 1
presentare **1** 4
presenza **7** E 11
presso **8** 1
presto **1** 19
prete **3** E 15 | **8** E 6
prezzo **2** 12
prezzo speciale **5** 4
prima **5** 5

prima comunione **7** E 11
prima di **4** 1
primo **3** 4
primo piatto **6** 1
principe **4** E 21
principiante **8** 2
problema **1** 19
prodotto **3** E 20
profumo **5** 1
proibito **8** 11
pronto **5** 10 | **7** E 16
Pronto! **7** 3
proprietà **3** E 20
proprio **4** 12 | **7** 7 | **8** 18
prosciutto **2** 4
prosecco **1** 1
prospettico **4** E 21
prossimo **1** 19
proveniente **4** E 21
provenienza **6** 16
pubblicità **5** 1
pubblico **4** 14 | **4** E 21
pulito **5** 15
pullman **5** 15
punch **2** 1
puntuale **7** 2
pure **2** 8
pure **4** 12
purtroppo **4** 12

q

quaderno **5** 16
quadro **8** 11
qualche volta **8** 17
qualcosa **1** 17
quale **3** 1
qualità **8** 1
quando **2** 14
Quant'è? **2** 8
Quanto viene ...? **3** 16
quanto? **3** 16
quartiere **4** 11
quarto **2** 19
quasi **4** 15
quello **7** 7
questo **1** 5
qui **1** 11
qui davanti **3** 10
qui sopra **1** 12
qui vicino **2** 14
qui vicino **4** 6
quiete **3** 1
quindi **1** 19
quindi **4** 15 | **5** 15
quotidiano **7** 17

r

raccogliere **4** E 21
raccontare **5** 15 | **7** 11
radicchio **2** 7
ragazza **1** 19
ragazzi **5** 15
ragazzo **1** 17 | **7** E 16
ragione **2** 17
ragù **6** 6
rapporto **8** 1
raramente **7** 18
realizzare **4** 1
receptionist **3** 2
refrattario a **7** 17
regalare **7** E 11
regalo **7** E 11
regionale **3** 14
regione **2** E 23
regione **4** 15
relazione **8** 6
rendere noto **7** 17
residence **7** 14
resistere **7** E 11
resoconto **5** 18
restare **2** 14
restare sorpreso **6** E 18
restauro **4** 2
resto **2** 8
ricco **5** 1
ricetta **6** 16
ricevere **5** 15
ricevuta fiscale **6** E 18
richiamo **4** E 21
richiesta **8** 1
riconoscere **4** 9
ricordarsi **7** 7
ricostruire **4** 6
ridere **8** 11
ridotto **4** 1
riempire di premure **8** E 15
rientro **3** E 15
rigatoni **6** 6
rigorosamente **5** 15
rilasciare **6** E 18
rilassante **7** 15
rimanere* **7** 14
rinascimentale **4** E 21
rinfresco di matrimonio **7** E 11
ringraziare **4** 3
rinnovato **3** E 20
riparare **7** 2
ripassare in padella **6** 16
ripetere **2** E 23 **3** 4
riposarsi **7** 12
riposo **7** 2
risalire a **3** E 15
riscontrabile **8** 1
riservare **3** 18
risotto **6** 1
risparmiare **5** 15
rispettare **3** E 15

rispetto a **6** 16
rispondere **1** 12 | **1** 19
ristretto **2** E 23
risultato **7** 17
ritardatario **5** 10
ritmo **8** 18
rito **2** E 23
ritratto **7** 17
ritrovare **8** 18
riunione **4** 12
riunirsi **8** E 15
riva **8** 18
rivedere **7** 7
rivista **8** 14
rivista specializzata **8** 14
Rodi **5** 15
romano **4** 1
romantico **5** 1
rosatello **3** E 20
rosmarino **6** 2
rosso **1** 18
rotondo **8** E 6
roulotte **7** 15
rucola **6** 1
rum **2** 21
rumoroso **3** 4

s

sabato **4** 2
sacchetto **7** E 11
sala **3** 11
sala biliardo **3** 14
sala comune **3** E 15
sala conferenza **4** 1
sala da pranzo **3** 11
salame **2** 4
salare **6** 9
salatino **2** 17
salato **6** 9
salato **6** E 18
sale **6** 9
salire **8** E 4 | **8** E 15
salotto **1** 1
salsa **6** 9
salsiccia **6** 16
saltare **6** E 18
salutare **4** 16
salute **3** 1
saluto **1** 19 | **3** 18
sano **5** 15
sano come un pesce **5** 15
sapere **3** 10 **4** 3
sapore **6** 16
Sardegna **1** 19
sauna **3** 14
sbagliare **6** 16
sbagliare indirizzo **6** 16
sbrigarsi **7** E 16
scala **3** 11
scaloppina **6** 1
scampo **6** 12

245

scarso **4** E 21
scegliere **5** 10
scelta **8** 1
scendere **4** 6 | **8** E 4 | **8** E 15
schietto **6** 16
sci **8** 1
sciare **7** 14
sciroppo **2** 1
scolare **6** 9
sconto **5** 10
scontrino **2** 12
scooter **5** 15
scoprire **2** 18 **5** 15
scorso **7** 7
scrivere **1** 19
scrupoloso **8** 11
scultura **4** 1
scuola **1** 15
scuola media **4** 6
scusa! **1** 8
scusare **1** 8
scusi! **2** 3
se **2** E 23
se **3** 10
secolo **4** 1
secondo **1** 12
secondo piatto **6** 1
secondo voi **7** 17
sede **8** 1
sedere **8** 11
segnare **4** 11
segnare con una crocetta **1** 1
segretaria **1** 12
segreteria telefonica **4** 11
seguente **2** 4
seguire **4** 9
semaforo **4** 11
semplice **3** E 15 | **5** 15
semplicemente **6** E 17
sempre **2** 8
sensibile **8** 11
senta! **2** 3
senti! **1** 4
sentire **1** 4
sentirsi **7** 9
sentirsi in forma **7** 13
senz'altro **4** 3
senza **2** 4
seppia **6** 12
sera **2** 14
serenità **8** E 15
sereno **5** 15 | **7** E 12
serio **1** 19
servire **6** 9
servizio **4** 1 **6** E 18
sete **2** 2
settimana **1** E 22 | **2** 14
settimanale **8** 1
sformato **6** 6
sfornato **5** 10
sgabello **8** 11
sguardo **8** 18
shiatsu **3** 14

sì **1** 11
sia ... che ... **8** E 15
siccome **8** E 11
significare **6** 16
signora **1** 2
signore **1** 2
signorina **1** 17
silenzioso **3** 2
simpatico **1** 19
sin da **3** E 20
sindaco **4** 15
sinonimo **8** E 6
sistemazione **3** 1
sito internet **5** 15
situare **4** 1
situato **3** E 20 | **4** 1
snack **2** 1
snowboard **8** 1
sobrietà **6** 16
soddisfatto **6** E 18 | **8** 5
sofisticato **6** 16
soggiorno **5** 10 | **7** 10
sogliola **6** 1
solarium **3** 14
sole **5** 10
solido **6** 16
solito **2** 5
solo **3** 14
soltanto **6** E 18
soluzione **3** 1
sondaggio **7** 17
soprattutto **7** 17
sorpresa **5** 15
sospirato **8** 18
sostantivo **1** 20
sostenere **3** E 15
sottile **6** 9
souvenir **5** 6
spaghetti **6** 6
Spagna **1** 12
spagnolo **1** 1
spazio **8** 18
speciale **5** 3
specialità **6** 5
spendere **5** 15
sperimentare **8** 1
spese di gestione **3** E 15
spesso **2** 14
spettabile **3** 18
spettacolo **5** 15
spezzettare **6** 9
spiaggia **5** 10
spicchio **6** 9
spiedo **6** 13
spiegare **4** 13
spinaci **2** 5
spirito **8** E 15
splendido **4** E 21 | **5** 1
sport **5** 6
spremuta **2** 1
spuma **2** 1
spumante **1** 18
spuntino **2** 5

stagione **4** 15 | **6** 1
stamattina **7** 10
stanco **2** 2
stanza **3** 3
stare (+ *gerundio*) **7** 9
stare **5** 4
stare bene/male **1** 2
stare in compagnia **7** 1
stato **4** E 21
stazione **4** 6
stazione centrale **4** 6
stazione di servizio **4** 15
stella **5** 15
stesso **4** 15
stile spartano **3** E 15
stilista **6** E 11
storia **4** 1 | **7** 15
strada **3** 4
straniero **4** E 21
struttura **3** E 20
studente **4** 1
studiare **1** 1 | **1** 19
studio **1** 14
studio legale **1** 14
su **3** 3
subito **2** 8
succedere **4** 15
successore **4** 1
succo **2** 17
succo di frutta **2** 1
sughetto **6** 16
sugo **6** 6
suite **3** 14
suonare **7** E 16
suora **3** E 15 | **8** 11
superiore a... **7** 17
supermercato **1** 15
superstite **4** E 21
supplemento **8** 1
surgelato **6** 12
svago **7** 1
sveglia **3** 2
svegliarsi **7** 12
Svizzera **1** 12
svizzero **1** 10
svolgere **8** 4
svolgersi **8** 1

t

tabaccaio **4** 12
tabella **7** 17
tagliare **6** 9
talvolta **8** E 15
tante volte **2** E 23
tanto **5** 13
tardi **3** 10
tartina **2** 1
tartufo **5** 1
tavolo **6** 3
taxi **4** 1
tazza **2** E 23

tè **2** 1
teatro **4** 5
tedesco **1** 10
tegame **6** 2
telefonare **3** 17
telefonata **3** 18
telefonico **3** 18
telefono **1** 19
televisione **2** 14
televisore **3** 2
tema **8** 11
tempo **2** 17 | **7** 14
tempo libero **6** 16
temporale **7** E 12
tenda **7** 15
tendenza **5** 10
tenere **2** 8
tennis **3** 14
tenuto **8** 1
terme **4** 5 | **7** 15
terminare **4** E 21
terra **8** E 6
terrazza **7** 10
testo **4** 6
testo originale **4** 6
tête-a-tête **8** 18
the **2** 1
tigre **8** 11
tipico **4** 1
tiro con l'arco **5** 10
Tirolo **5** 10
tivù **3** 14
toast **2** 1
toccare **1** 7
toilette **4** 1
tonno **2** 5
tornare **2** 14 | **5** 2
torre **2** 15
torre pendente **2** 15
torta **6** 1
tortelli **6** 7
tortellini **6** 6
toscano **3** 1
tour operator **5** 15
tovaglia di carta **6** 16
tovagliolo **2** 11
tra **2** 17 **4** 18 1
tradizionale **7** E 11
tradizione **3** E 20 | **6** 16
traffico **8** 14
traghetto **5** 15
tram **4** 2
tramezzino **2** 2
trancia **6** 1
tranquillità **3** 1
tranquillo **3** 4
trascinare **8** 11
trasferimento **8** 11
trasferirsi **8** 16
trasmissione **7** 18
trattarsi **7** 17
trattoria **4** 6
traversa **4** 11

trenette **6** 6
treno **5** 2
trippa **6** 1
trota **6** 1
trovare **1** 19
trovare il pelo nell'uovo **8** 5
trovarsi **6** 16 | **7** 11
trovarsi bene **7** 12
truccarsi **7** E 16
trullo **5** 1
tulle **7** E 11
turismo di massa **5** 15
turista **4** 2
turistico **5** 15
tuttavia **6** E 18
tutto **1** 4
tutto bene? **1** 4

u

uccello **8** E 6
ufficio **1** 14
ufficio postale **4** 7
uguale **4** 15
ultimo **3** 4
un **1** 1
un altro **2** 11
un paio **7** 4
un paio d'ore **7** 4

un po' **1** 19
un pochino **4** 9
una volta **8** 8
unire **6** 9
universale **4** 1
università **8** 5
uomo **7** 17
uovo **2** 7
usare **7** 2
uscire **4** 12
utente **5** 15

v

va bene **2** 17 **3** 16
vacanza **1** 1
valido **3** 18
valigia **3** 2
variabile **7** E 12
variare **4** 15
variazione **3** 4
vario **8** 1
vecchietto **8** 11
vecchio **5** 10
vedere **2** 2
vegetariano **8** 1
vela **5** 10
velato **7** E 12
veloce **6** E 11

venerdì **4** 2
venire **1** 19 | **4** 12
vento debole **7** E 12
vento forte **7** E 12
vento moderato **7** E 12
verde **3** 14
verdura **6** 6
verificare **4** 12
vermouth **2** 1
vero? **3** 3
verso **4** 12
vestire **8** 11
vestirsi **7** E 16
via **4** 5
viaggiare **5** 15
viaggiatore **3** E 15
viaggio **4** 12 | **5** 1
viaggio organizzato **5** 15
vicino **4** 6
vicino a **1** 14
vicino di banco **2** 18
vigile **4** 3
vigneto **3** E 20
villa **5** 7
villaggio turistico **5** 2
vino **1** 18
vino da dessert **2** 1
visita guidata **4** 1
visitare **4** 1
visitatore **4** 1

vista **3** E 15
vita **1** 19
vitello **6** 1
vivere **1** 11
voce **6** E 18
voglia **5** 15
volentieri **1** 17
volere **2** 17
volo **5** 3
vongole **6** 6
vorrei **2** 3
vostro **4** 1

w

whisky **2** 1
windsurf **8** 4

z

zio **5** 2
zona **3** E 15 | **5** 1
zoo **4** 5
zucca **6** 7
zucchero **2** 10
zucchina **2** 7

SOLUZIONI

1. Ciao, Angela.
   Ciao, Mario.
   Come stai?
   Bene, grazie, e tu?
   Non c'è male, grazie.

2. Buongiorno (buona sera), signora Mancini.
   Buongiorno (buona sera), signor Riccardi.
   Come sta?
   Bene, grazie, e Lei?
   Non c'è male, grazie.

3. Gianna, ti presento il mio amico Vincenzo.
   Vincenzo, questa è Gianna.
   Dottor Rossi, Le presento la signora Bianchi?
   Signora Bianchi, il dottor Rossi.

4. 1. spagnolo 2. francese 3. norvegese 4. italiano
   5. svizzero 6. argentino 7. tedesca 8. inglese
   9. austriaco 10. americano 11. brasiliana →
   Arrivederci

5. 1. k 2. g 3. tʃ 4. dʒ 5. tʃ 6. dʒ 7. g 8. k
   9. tʃ 10. tʃ 11. k 12. k 13. ŋ 14. λ 15. ŋ
   16. tʃ 17. dʒ 18. λ

6. Scusa, come ti chiami? / Scusi, come si chiama?
   Luise Heller.
   Ma tu sei tedesca? / Ma Lei è tedesca?
   No, sono austriaca.
   E di dove?
   Di Vienna.

7. Parigi – Francia
   Londra – Gran Bretagna
   Atene – Grecia
   Berna – Svizzera
   Vienna – Austria
   Tokio – Giappone
   Il Cairo – Egitto
   Pechino – Cina
   Lisbona – Portogallo
   Dublino – Irlanda
   Varsavia – Polonia
   Berlino – Germania

8. orizzontali: impiegata – commesso – operaio – segretaria
   verticali: casalinga – farmacista – medico – giornalista – ingegnere

9. (Mi chiamo) Markus Maier.
   Sì, (sono tedesco).
   Di Magonza.
   No, sono qui per lavoro.
   Sono insegnante.

10. **a.** A – a **b.** in – in – in – a **c.** di – di **d.** in **e.** di
    f. a – a – a – a

11. **a.** un' **b.** un **c.** un **d.** uno **e.** una

12. ti chiami – mi chiamo – sei – sono – vivo – fai – Lavoro

13. un – una – un – un – uno – un' – una – un – un'

14. otto, nove, tre, dieci, cinque, uno → Torino
    sette, undici, tredici, diciannove, quindici, due, sei, quattro → Siracusa
    nove, due, cinque, tredici, zero, dodici, diciassette → Venezia
    diciassette, quindici, sedici, venti, quattordici → Siena

15. **a.** il **b.** Il – la **c.** la **d.** il **e.** la **f.** lo **g.** l' – il – l' **h.** Il

16. stare: sto, stai, sta
    fare: faccio, fai, fa
    avere: ho, hai, ha
    essere: sono, sei, è

17. **a.** stai **b.** fa **c.** è **d.** sta **e.** hai **f.** sta **g.** fai **h.** sei
    i. sono **j.** ho

18. Si chiama – italiana – abita – Parla – l' – il – lavora;
    Si chiama – è tedesco – di – abita – a – Conosce – l' – lo – lavora – una;
    Si chiama – è – svizzera – abita – a – parla – l' – il – capisce – lo;

19. **a.** di – a – a **b.** in – per **c.** in **d.** a – da **e.** per **f.** a

20. chiamarsi: mi chiamo, ti chiami, si chiama
    parlare: parlo, parli, parla
    studiare: studio, studi, studia
    cercare: cerco, cerchi, cerca
    vivere: vivo, vivi, vive
    conoscere: conosco, conosci, conosce
    partire: parto, parti, parte
    preferire: preferisco, preferisci, preferisce
    capire: capisco, capisci, capisce

    a. La desinenza *-o*
    b. La desinenza *-i*
    c. La desinenza *-a*
    d. La desinenza *-e*
    e. *Cercare* prende una *-h-* alla 2ª persona singolare.
    f. *Capire* e *preferire* inseriscono *-isc-* nelle tre persone singolari.

21. **a.** amico – di – a – in – È **b.** un' – di – in – a – per
    c. un – una – il **d.** ragazza – di – Si chiama – ha – a – da – lo – l'

22. **a.** Mi chiamo – sono – abito – lavoro – parlo/conosco – conosco/capisco
    b. Mi chiamo – sono – abito – Lavoro – studio
    c. Mi chiamo – sono – abito – Parlo – conosco/capisco – studio
    d. Mi chiamo – sono – studio – Sono – Ho – cerco
    e. Mi chiamo – sono – lavoro – Parlo / Conosco – studio

LEZIONE 2

1. scusi – desiderano – vorrei – senza – Lei – Una

2. … l'acqua minerale gasata o naturale?
… il latte caldo o freddo?
… il vino rosso o bianco?
… l'aranciata dolce o amara?
… l'aperitivo alcolico o analcolico?

3. 1. cappuccino 2. panino 3. vino 4. pizzetta 5. birra 6. aranciata 7. toast → Cinzano

4. a. Una birra grande b. Un tè freddo c. Una coca cola piccola d. Un cappuccino, ma caldo e. un caffè tedesco f. un bicchiere di vino bianco g. una coca cola grande

5. [tʃ] aran**cia**ta, spina**ci**, **cio**ccolata, car**cio**fini, cappu**cci**no, ghia**cci**o
[dʒ] **ge**lato, forma**ggi**o
[k] bi**cchi**ere, **car**ciofini, **ca**ppuccino, **cor**netto, zu**cche**ro, **Chi**anti, cio**cco**lata
[g] **ghi**accio, fun**ghi**
[ʃ] pro**sciu**tto

6.
il tramezzino	→	i tramezzini
il gelato	→	i gelati
l'amico	→	gli amici
l'aperitivo	→	gli aperitivi
lo strudel	→	gli strudel
lo spagnolo	→	gli spagnoli
lo zero	→	gli zeri

la pizzetta	→	le pizzette
la birra	→	le birre
l'aranciata	→	le aranciate
l'amica	→	le amiche

7. la – il – il – l' – l' – lo – il – il – la – la – la – la – il – il – il

le limonate – i cappuccini – i caffè – le aranciate – gli aperitivi – gli strudel – i tè freddi – i medaglioni caldi – le cioccolate calde – le birre fredde – le spremute d'arancia – le birre alla spina – i bicchieri di latte – i gelati con panna – i whisky con ghiaccio

8. Senta, scusi – Io vorrei – vorrei – avete / c'è – Abbiamo – Avete – prendo

9. a. Tenga b. Senti c. Guardi d. Scusa e. Senta f. lascia

10. a. strudel b. latte c. crema d. spremuta e. limone f. birra

11. a. magari b. guardi c. Dunque d. per cortesia e. Certo

12. trentuno – quarantadue – cinquantatré – sessantaquattro – settantacinque – ottantasei – novantasette – quarantotto – cinquantasette – sessantacinque – novantuno – quarantatré

13. *Possibile soluzione:*
Buongiorno. / Buonasera. Desidera?
Buongiorno. / Buonasera. (Senta), vorrei una birra.
In bottiglia. / Alla spina.
Senta, (io) vorrei anche mangiare qualcosa. Cosa / che spuntini avete?
Un tramezzino magari … I tramezzini come sono?
Allora un tramezzino con mozzarella e pomodoro / con prosciutto e formaggio.
Grazie. Scusi, quant'è? / Quant'è, scusi?
Ecco qui. Tenga pure il resto.

14. a. ci sono b. ci sono c. c'è d. ci sono e. c'è f. C'è

15.
il posto	→	i posti
il fungo	→	i funghi
il mese	→	i mesi
il locale	→	i locali
l'insegnante	→	gli insegnanti
il giornalista	→	i giornalisti
il toast	→	i toast
il caffè	→	i caffè

la cartolina	→	le cartoline
la macchina	→	le macchine
la discoteca	→	le discoteche
la settimana	→	le settimane
l'insegnante	→	le insegnanti
la giornalista	→	le giornaliste
la baby sitter	→	le baby sitter
la città	→	le città

a. I sostantivi in -*o* e in -*e* ed i maschili in -*a*.
b. I sostantivi femminili in -*a*.
c. I sostantivi che terminano con una consonante o con una vocale accentata.

16. a. tè b. mese c. locali carini d. insegnante e. medaglioni – birre f. problema g. settimane h. farmaciste

17. lavorare: lavoro, lavori, lavora, lavoriamo, lavorate, lavorano
mangiare: mangio, mangi, mangia, mangiamo, mangiate, mangiano
pagare: pago, paghi, paga, paghiamo, pagate, pagano
prendere: prendo, prendi, prende, prendiamo, prendete, prendono
conoscere: conosco, conosci, conosce, conosciamo, conoscete, conoscono
offrire: offro, offri, offre, offriamo, offrite, offrono
preferire: preferisco, preferisci, preferisce, preferiamo, preferite, preferiscono
essere: sono, sei, è, siamo, siete, sono
avere: ho, hai, ha, abbiamo, avete, hanno
andare: vado, vai, va, andiamo, andate, vanno
stare: sto, stai, sta, stiamo, state, stanno
fare: faccio, fai, fa, facciamo, fate, fanno

a. Sono uguali la 1ª persona singolare, la 2ª persona singolare e la 1ª persona plurare. Le differenze sono alla 3ª persona singolare e alla 2ª e 3ª persona plurale.

SOLUZIONI

b. *Pagare* prende una *h* alla 2ª persona singolare e alla 1ª persona plurale. *Mangiare* perde una *i* alla 2ª persona singolare e alla 1ª persona plurale.

c. La pronuncia della *sc* di *conoscere* è [ʃ] davanti alla *i* e alla *e*, e [sk] davanti alla *o*.

d. *Preferire* prende la sillaba *isc* alla 1ª, 2ª, 3ª persona singolare e alla 3ª persona plurale. *Offrire* no.

18. a. fanno – Guardano **b.** fa – È **c.** preferisci – preferisco **d.** restano – vanno **e.** siete – siamo – abitiamo **f.** va – Va **g.** studiano – lavorano – studia – lavora **h.** ho – sono – ho

19. state – siamo – è – ci sono – prende – va – restiamo – fate – c'è

20. a. ti piacciono **b.** Le piacciono **c.** mi piace **d.** mi piacciono **e.** ti piace **f.** Le piace **g.** ti piace

21. Sono le nove e quindici (le nove e un quarto);
Sono le tre e venti;
Sono le dieci e quarantacinque (le undici meno un quarto);
Sono le quattro e trentacinque;
È mezzogiorno / è mezzanotte;
È l'una;
Sono le nove e quaranta (le dieci meno venti);
Sono le sette e trenta (le sette e mezzo)

22. a. Monica non sta bene. **b.** Non siamo inglesi. **c.** Marcello non lavora a Roma. **d.** Il bar non è caro. **e.** In città non ci sono molti ristoranti. **f.** Non ti piace il Bellini? **g.** Io non mi chiamo Mario. **h.** Non abbiamo sete. **i.** Le patatine non mi piacciono molto. **j.** Non siamo qui in vacanza.

23. a. v **b.** v **c.** f **d.** f

24. 1. lungo **2.** corretto **3.** ristretto **4.** macchiato **5.** doppio → Greco

LEZIONE 3

1. prenotata – momento – singola – bagno – Esattamente – chiave – numero – documento – passaporto

2. a. diamo **b.** danno **c.** do **d.** dai **e.** dà **f.** date

3. a. tranquilla **b.** caro **c.** molti – carini **d.** prenotate **e.** piccolo **f.** interno **g.** grande **h.** ultimo **i.** italiana **j.** matrimoniale – libera

4. alle otto; dalle nove alle cinque; dall'una alle due; alle otto e trenta (alle otto e mezzo); alle undici

5. a. Esattamente **b.** Eventualmente – Certo **c.** assolutamente

6. a. con – per **b.** da **c.** a **d.** in **e.** con

7. in – camera – per – con – dà – sul – a – macchina – dà

8. a. perché **b.** se **c.** comunque **d.** perché **e.** Se

9. Albergo Regina

10. a. chiuso **b.** condizionata **c.** piccoli **d.** custodito **e.** mezza – bassa – alta **f.** privata **g.** aperto

11. *Possibile soluzione:*
Buongiorno, (senta) vorrei prenotare una camera doppia dal 13 al 19 luglio. È possibile?
Bene. Quanto viene la camera?
Ho capito, va bene. D'accordo.
Bratke.
Bratke, bi – erre – a – ti – kappa – e.
Grazie. Arrivederci.

12. 1. bene **2.** freddo **3.** rumoroso **4.** aperto **5.** ultimo **6.** caro → *brutto*

13. da – la – camera – dal – al – prego – camera – piano – parte – saluti

14. febbraio, marzo, aprile, maggio, giugno, luglio, agosto, settembre, ottobre, novembre, dicembre.

15. sono – vivono – offrono – chiedono – sono – sono – è – c'è – sono – c'è – ha – fanno – pranzano – cenano – hanno – c'è – risale – ha – c'è – È – ha – hanno – sono – è – sono – danno

16. un – un' – un – una – un – un' – un – una;

amici – amiche – tedeschi – tedesche – austriaci – austriache – alberghi – banche

17. a. con – per **b.** al – all' **c.** sul **d.** dalle – alle **e.** da – all' **f.** dalle – alle

18. a. in – a – di **b.** in – a **c.** per **d.** da **e.** in – a **f.** per **g.** da – di

19. centoquattro – settecentodieci – trecentoquarantacinque – duecentodiciassette – milleduecentosessantadue – duemiladuecentonovantotto

20. a. Del Grande **b.** Dal 1946 / da ... anni **c.** Ad Arco **d.** Bagnodoccia, servizi, telefono, televisore e filodiffusione **e.** Rosatello

LEZIONE 4

1. Scusi, ...   Prego, dica.
Mi può dire ...   Mi dispiace ...
La ringrazio.   Prego. Non c'è di che.

2. A = farmacia   E = fermata
B = edicola   F = bar
C = supermercato   G = chiesa
D = cinema   H = museo

3. a. al – all' **b.** al – alla **c.** al – alla **d.** al **e.** al

4. a. ci restiamo **b.** ci vado **c.** ci resto **d.** ci restano **e.** ci andiamo / torniamo **f.** Ci torniamo

5. a. è – c'è **b.** ci sono – sono **c.** sono – ci sono **d.** c'è – è **e.** è – c'è

6. a. lo **b.** li **c.** la **d.** lo **e.** Le **f.** le

7. può – Vorrei – Sa – va – prende – arriva – attraversa – va – è – vede

8. museo – fermata – edicola – semaforo – sempre

9. distributore – angolo – semaforo – sinistra – di fronte

10. a. di **b.** a – in **c.** a – a/in **d.** in – a **e.** a **f.** a

11. potere: posso, puoi, può, possiamo, potete, possono
dovere: devo, devi, deve, dobbiamo, dovete, devono
volere: voglio, vuoi, vuole, vogliamo, volete, vogliono
sapere: so, sai, sa, sappiamo, sapete, sanno
venire: vengo, vieni, viene, veniamo, venite, vengono
uscire: esco, esci, esce, usciamo, uscite, escono

12. a. devo **b.** possiamo **c.** possono – devono **d.** possiamo – dobbiamo **e.** vuoi **f.** vogliono **g.** dovete **h.** Volete / Potete **i.** posso – Devo **j.** può **k.** Vuole **l.** vogliono

13. a. esci – esco **b.** sa – so **c.** Vengono – escono **d.** sapete – sappiamo **e.** viene – vengo

14. assoluto – tranquillamente – diverso – tipico – direttamente – certo – esattamente – veramente – elegantemente – facilmente – difficile – normalmente – generalmente – uguale – possibilmente – regolare

    a. L'avverbio si forma di solito aggiungendo *-mente* alla forma femminile dell'aggettivo.
    b. Si può formare in altri due modi: agli aggettivi in *-e* si aggiunge direttamente il suffisso *-mente*. Gli aggettivi in *-le* e *-re* perdono la *-e* finale prima del suffisso *-mente*.

15. a. tipico **b.** tranquillo **c.** normalmente **d.** diversi **e.** facilmente **f.** perfettamente **g.** veramente **h.** Generalmente

16. a. buono **b.** Buona **c.** bene **d.** buone **e.** bene **f.** buona **g.** buoni **h.** buono

17.

	il	lo	la	l'
a	al	allo	alla	all'
da	dal	dallo	dalla	dall'
di	del	dello	della	dell'
in	nel	nello	nella	nell'
su	sul	sullo	sulla	sull'

	i	gli	le
a	ai	agli	alle
da	dai	dagli	dalle
di	dei	degli	delle
in	nei	negli	nelle
su	sui	sugli	sulle

18. a. alle – all' **b.** ai **c.** all' **d.** allo **e.** al
   a. dell' **b.** della **c.** dell' **d.** del
   a. sul **b.** sulla **c.** sulla **d.** sul
   a. dal **b.** Dal **c.** dall' **d.** dalle **e.** dagli
   a. Nel **b.** Nella **c.** Negli **d.** nei **e.** Nelle

19. a. Ogni **b.** Tutti i **c.** Ogni **d.** Tutte le **e.** Ogni **f.** Tutte le **g.** Ogni **h.** Ogni

20. a. all' – fino – girate – Andate – lo
   b. qui – prendere – all' – gira – la
   c. dalle – alle – pomeriggio – alle – chiudono alle – continuato
   d. mattina – aperte – giornali – ogni

21. a. lo Stato **b.** mobili e arredi antichi **c.** dà l'impressione di essere quattro volte più lunga

LEZIONE 5

1. Io sono: andato/a – arrivato/a – stato/a – partito/a – restato/a – stato/a – tornato/a – uscito/a
Io ho: avuto – capito – conosciuto – fatto – preso – lavorato – parlato – preferito

2. a. Tu hai telefonato a Piero?
   b. Stefania è stata a Venezia.
   c. Noi abbiamo frequentato un corso d'inglese.
   d. Ugo e Pia hanno fatto un viaggio.
   e. Mario è tornato ieri sera.
   f. Voi avete preso l'aereo?
   g. Io ho guardato la televisione.

SOLUZIONI

3. a. sono andato/a – ho visitato
   b. è stato – ha studiato
   c. è restata – ha conosciuto
   d. siamo partiti/e – siamo arrivati/e
   e. hanno trovato – sono andati
   f. sei andato/a – hai frequentato

4. siamo stati – Siamo partiti – siamo restati – abbiamo prenotato – siamo arrivati – siamo andati – abbiamo mangiato – Abbiamo visitato – abbiamo visto

5. a. Sono andata a Parigi ed ho frequentato un corso di francese.
   b. Sono andato in montagna e sono restato lì per due settimane.
   c. Non sono partita ed ho lavorato in un negozio.
   d. Sono restato a casa e ho lavorato in giardino.
   e. Sono andata a Venezia ed ho incontrato gli ex compagni di scuola.
   f. Sono restato in città ed ho studiato per l'esame.

6. a. dei b. degli c. degli d. delle e. delle f. delle
   g. dei – delle

7. a. Quando siete partiti?
   b. Che cosa avete visto?
   c. Dove sei/è stato?
   d. Come sono state le vacanze?
   e. Che cosa hai/ha visto?
   f. Dove avete passato le vacanze?
   g. Quando è ritornata Carla?
   h. Come sono andate in/a …?

8. Non ha mai studiato il tedesco.
   Non è mai andata in Spagna.
   Non avete mai preso l'aereo.
   Non sono mai stati/e in America.
   Non ho mai visto il Palio di Siena.
   Non abbiamo mai fatto l'autostop.
   Mario non è mai stato a casa mia.
   Non hai mai capito la matematica.

9. a. non ho visto niente
   b. non ho mangiato niente
   c. non ho fotografato niente
   d. non ho comprato niente
   e. non ho ordinato niente
   f. non ho capito niente
   g. non ho fatto niente

10. a. guarda b. capisce c. visitano d. parcheggia
    e. possono f. vedono g. parlano h. va – devono

11. viaggio – partita – prezzo – stata – è – macchina – hanno – sono – dormito – affittato – escursione – in – preso – È

12. è andato – ho avuto – ho visto – Le è piaciuta;
    sei stato – sono andato – hai avuto – ho visto – mi è piaciuto; vi è piaciuta; è stata – sono andata – siamo state – abbiamo visitato – vi sono piaciute.

13. aprire – bere – chiedere – chiudere – dire – leggere – offrire – prendere – rispondere – scegliere – scendere – scrivere – venire – vedere

14. a. ha preso – ha comprato
    b. sono andate – hanno preso
    c. abbiamo preso – siamo scesi/e
    d. sono restato/a – ho letto – ho scritto
    e. sono andato/a – ho visitato – ho fatto

LEZIONE 6

1. Buonasera, …
   A che nome …
   Rossi.
   Ecco, …
   Grazie, …
   Non fa niente …
   Ah, bene, …

2. Ristorante
   I signori hanno già scelto il primo?
   Da bere che cosa prendono?

   Trattoria
   Per cominciare volete provare l'antipasto della casa?
   Di secondo cosa preferite?
   Desiderate altro?

   Persona sola
   Prego, si accomodi!
   Per cominciare vuole provare l'antipasto della casa?
   (Il signore/la signora) ha già scelto il primo?
   Di secondo cosa preferisce?
   Da bere che cosa prende?
   Desidera altro?

3. sformato, maccheroni, tortellini, rigatoni, linguine, risotto, lasagne, spaghetti, trenette, gnocchi, penne

4. a. benissimo b. buonissimi c. benissimo
   d. benissimo e. Buonissime f. benissimo
   g. buonissimo h. buonissima

5. a. le b. lo c. le d. lo e. li f. ne g. Ne h. la i. ne

6. *Possibile soluzione:*
   Che cosa mi consiglia di primo?
   Senta, le lasagne le fate (ci sono) oggi?
   Va bene, allora prendo lo sformato, però ne vorrei mezza porzione.

7. a. li b. ne c. lo d. lo e. li f. Ne

8. taglio – metto – faccio – Aggiungo – mescolo – unisco – Mescolo – faccio – servo

9. a. degli b. del c. della d. delle – dei – degli e. dei
   f. delle g. del h. del – dell'

252

10. a. Che cosa ci consiglia di secondo?
    b. Di primo preferisco il risotto ai funghi. Però ne vorrei mezza porzione.
    c. I tortellini come li fate?
    d. Da bere prendo una bottiglia di vino bianco e mezza minerale gasata.
    e. La bistecca la vorrei ben cotta, se è possibile.
    f. Il pollo lo preferisce allo spiedo o al forno?

11. grandissimo – velocissima – ricchissime – lontanissimi – lussuosissimi – bianchissime – elegantissimi – bellissime – elegantissimo – famosissimi – costosissimo – occupatissimo – moltissimo – tardissimo – intensissima

12. la mia scuola, il mio cognome, le mie valigie; la tua cartolina, le tue chiavi; il suo appartamento, le sue amiche, i suoi amici; la sua casa, il suo indirizzo, le sue colleghe; il Suo albergo, i Suoi spaghetti; la nostra città, il nostro corso, le nostre fotografie; la vostra regione, le vostre ferie, i vostri ospiti; la loro camera, il loro ufficio, i loro viaggi

13. a. le tue b. il mio c. la vostra d. i nostri e. il mio f. La nostra g. i suoi h. le Sue i. il vostro

14. a. i suoi b. il Suo c. il Loro d. le loro e. il Suo f. i loro g. la loro h. la sua

15. il mio – nostra – le nostre – suo – i suoi – la sua – le sue – la tua – tua – i tuoi – il vostro – vostra – i vostri – la loro – i loro

16. suo – loro – il loro – i suoi – la sua – le sue – suo – i loro – la loro

17. mia – le nostre – i nostri – i loro – mia – il nostro – i nostri – i suoi – nostra – la tua – le vostre

18. a. f b. v c. f d. v

LEZIONE 7

1. chi – Sono – stai – tu – male – sei – in – in (a) – fare – fra – Fra – comprare – Fra

2. a. a – da b. a c. da – fra d. Da – a e. fra f. a g. fra h. da i. a – da j. da

3. a. – 3 b. – 5 c. – 6 d. – 1 e. – 4 f. – 2

4. a. ... ci andiamo domani sera.
   b. ... ti chiamo un taxi.
   c. ... ti do la mia.
   d. ... ti telefono stasera.
   e. ... corriamo domani mattina.
   f. ... giochiamo sabato prossimo.

5. a. sta cucinando b. sta facendo jogging c. stanno aspettando l'autobus d. sta andando in bicicletta e. sta riparando la macchina f. sta guardando la TV g. sta partendo h. sta leggendo il giornale i. stanno giocando a calcio j. stanno ballando

6. a. sta leggendo b. sto riparando c. sta ascoltando d. sta suonando e. stiamo preparando f. sta facendo g. stanno guardando h. sto scrivendo i. sta parlando j. sta prendendo

7.
	ci alziamo	si alzano
vi annoiate		si annoia
ci riposiamo	si riposa	si riposano
mi sveglio	ti svegli	
si ferma	si fermano	ci fermiamo
ci divertiamo	si diverte	mi diverto
vi iscrivete	ti iscrivi	si iscrivono
mi congratulo	vi congratulate	ci congratuliamo

8. a. si chiama b. si alzano c. si sente d. ti addormenti e. vi annoiate f. Ti fermi g. si trova h. Ci incontriamo

9. si sveglia – Si alza – fa – esce – aspetta – porta – finisce – prende – ritorna – va – arriva – si fa – guarda – mangia – si mette – va – si addormenta

10. mi trovo – mi riposo – mi alzo – mi metto – sto leggendo – passa – si sveglia – si ferma – sta riparando – andiamo – restiamo – ci godiamo – vediamo – ha telefonato – è arrivato – sta suonando

11. a. f b. v c. f d. v e. v

12. Nel Veneto piove da due giorni.
    A Bologna ci sono molte nuvole ma non piove.
    A Roma il tempo cambia continuamente.
    In Sicilia il tempo è bello, anche se c'è qualche nuvola.

13. Purtroppo – perché – perciò – magari – quando – come

14. a. Faccio un corso d'italiano perché voglio andare in vacanza in italia. Voglio andare in vacanza in Italia e perciò faccio un corso d'italiano.
    b. Andiamo in vacanza a novembre perché non vogliamo spendere molto. Non vogliamo spendere molto e perciò andiamo in vacanza a novembre.
    c. Preferiscono andare in campeggio perché hanno tre bambini. Hanno tre bambini e perciò preferiscono andare in campeggio.
    d. Vanessa ha deciso di frequentare un corso di sci perché non è brava come Paolo. Vanessa non è brava come Paolo e perciò ha deciso di frequentare un corso di sci.
    e. Franco non ha trovato una camera tranquilla perché ha prenotato tardi. Franco ha prenotato tardi e perciò non ha trovato una camera tranquilla.

15. a. Giulio è meno simpatico di Mario./Giulio non è simpatico come Mario.
    b. Il Bar Roma è più caro del bar Aurora./Il bar Aurora non è caro come il bar Roma.

253

SOLUZIONI

    c. Il campeggio è meno confortevole dell'albergo./
       Il campeggio non è confortevole come l'albergo.
    d. L'autobus è meno pratico del taxi./
       L'autobus non è pratico come il taxi.
    e. Il vino è più alcolico della birra./
       La birra è meno alcolica del vino.
    f. La Russia è più grande degli Stati Uniti./
       Gli Stati Uniti sono meno grandi della Russia.
    g. Siracusa è più antica di Roma./
       Roma non è antica come Siracusa.

16. mi sveglio – suona – mi alzo – cerco – si alza – si fa – vado – preparo – vado – mi vesto – si sveglia – esce – è – si chiude – resta – ha – esce – è – si fa – si asciuga – si trucca – si pettina – ascolta – si alza – si arrabia – sono – è – si sbriga – si mette – beve – è

LEZIONE 8

1. essere: ero, eri, era, eravamo, eravate, erano
andare: andavo, andavi, andava, andavamo, andavate, andavano
prendere: prendevo, prendevi, prendeva, prendevamo, prendevate, prendevano
sentire: sentivo, sentivi, sentiva, sentivamo, sentivate, sentivano
fare: facevo, facevi, faceva, facevamo, facevate, facevano

2. ho saputo – sei stato – sono stato – ho fatto – era – andavo – studiavo – ero – mangiavo – dormivo – andavo – nuotavo – prendevo – giocavo – mangiavo – andavo – ero – andavo

3. si studiava – si era liberi – si mangiava – si dormiva – si andava – si nuotava – si prendeva – si giocava – si mangiava – si andava – si era stanchi – si andava

4. *Possibile soluzione:*
Tommaso: Io ho attraversato l'Italia in motocicletta. La mattina mi svegliavo presto, facevo colazione e poi partivo. Quando arrivavo in qualche città o paese, visitavo il posto. All'ora di pranzo di solito mangiavo un panino e poi ripartivo. Spesso mi fermavo a fare delle fotografie, poi andavo in qualche altra città e cercavo una pensione. La sera cenavo e poi andavo a letto.

Anna: Io sono stata in montagna. La mattina mi alzavo presto e facevo colazione. Poi prendevo la macchina, arrivavo ai piedi della montagna e cominciavo a salire. Verso mezzogiorno facevo una pausa per il pranzo. Di solito cominciavo a scendere prima di sera e poi ritornavo a casa.

Carla e Lucia: Noi siamo state al mare. La mattina dormivamo fino a tardi, mangiavamo qualcosa e poi andavamo in spiaggia. Di solito restavamo lì fino alle sei. Poi tornavamo a casa, a volte facevamo un po' di spesa. La sera spesso cenavamo (a casa), ma a volte incontravamo gli amici o andavamo in una discoteca.

Marta e Paolo: Noi siamo stati a Roma. La mattina di solito non ci svegliavamo troppo tardi. Prendevamo un cappuccino in un bar e poi visitavamo i monumenti e i musei. A mezzogiorno a volte mangiavamo in una trattoria e poi nel pomeriggio ritornavamo in albergo e ci riposavamo un po'. La sera uscivamo verso le otto, cenavamo e poi facevamo una passeggiata per il centro.

5. è andato – migliorare – corso era – erano – sera – erano – ha conosciuto – tutto – escursioni – andava – vedevano/visitavano – è stato/è andato – ha visto/visitato

6. **a.** Ripeteva – era – è partito – è arrivato
    → C. Colombo
    b. Andava – dormiva – parlava – ha parlato
    → San Francesco
    c. voleva – aveva – è diventato → G. Casanova
    d. Amava – Era – c'era – è partito → G. Garibaldi

7. mi svegliavo – facevo – ascoltavo – era – prendeva – andavamo – scendevamo – facevamo – restava – andava – venivano – restavano

8. 1. Paura
    2. Proibita
    3. Collegio
    4. Tema
    5. Suore
    6. Pagine
    7. Torta
    8. Grasse → Piemonte

9. ero – passavo – erano – ci svegliavamo – facevamo – andavamo – giocavamo – era – facevamo – tornavamo – aspettava – faceva – tornava – restava – eravamo – andava – era – poteva – restava – facevano – era – riconoscevo – aspettavano

10. **a.** frequentando **b.** prendendo **c.** Viaggiando **d.** navigando **e.** guardando **f.** visitando

11. sono andata – abbiamo fatto – abbiamo studiato – siamo state – era – era – c'erano – andava – abbiamo mangiato – si studiava – finiva – prendevamo – eravamo – c'era – andavamo – andavamo – mangiavamo – bevevamo – ho passato – ho migliorato – era

12. **a.** sapevate **b.** ha conosciuto **c.** è andato – parlava – conosceva **d.** ho saputo **e.** sono andato/a – sapevo **f.** hai saputo **g.** conoscevamo – li abbiamo conosciuti **h.** Ho saputo

13. **a.** Tutti i **b.** Ogni **c.** Ognuno **d.** Tutti **e.** Ogni **f.** Ogni **g.** Ognuno **h.** Tutti

14. **a.** f **b.** v **c.** f **d.** v **e.** f

ELENCO FONTI

p. 15: seconda foto © MHV-Archiv (EyeWire), quarta foto © MHV-Archiv
p. 20: © Ph. P. Carossini, Firenze
p. 31: Antje Pesel, Monaco
p. 54: sinistra sopra © Jürgen Frank, Monaco
p. 57: © laif/Martin Sasse
p. 59: sinistra © Fremdenverkehrsverband Allgäu/Bayerisch-Schwaben
p. 68: destra sotto © Ph. P. Carossini, Firenze
p. 74: sinistra centro © Image Bank/Britt Erlanson, sinistra sotto © Photonica/Mia Klein, destra sotto © f1online/Werner Dieterich
p. 83: testo: © da la Repubblica 19.10.2001, Roma
p. 90: Susanna Agnelli, Roma
p. 93: Club Med, Milano
p. 101: centro e sotto © MHV-Archiv
© Corrado Conforti, Monaco: (p. 21 sotto, p. 23, p. 44, p. 45, p. 47, p. 58 sinistra, p. 69, p. 72, p. 148, p. 196)
© Linda Cusimano, Monaco: (p. 15 prima e terza foto, p. 21 sopra, p. 32, p. 39, p. 52, p. 54 sinistra sotto, p. 58 centro e destra, p. 65, p. 68 sinistra sotto, p. 74 sinistra sopra e destra centro, p. 84, p. 86, p. 101 sopra)
© Ente Nazionale Italiano per il Turismo (E.N.I.T.), Monaco: (p. 28 sinistra sopra e sotto, p. 54 destra sopra e sotto, p. 56, p. 59 destra, p. 60, p. 74 centro e destra sopra
© I.G.D.A., Milano: (p. 28 destra sotto G. Roli, p. 68 sopra P. Martini, p. 71 sinistra G. Pisacane, destra P. Martini, p. 85 A. Vergani, p. 160 sinistra sopra Archivio, destra sopra A. Vergani, sinistra sotto C. Cigolini, destra sotto Archivio, p. 183, p. 194 prima e seconda foto G. Dagli Orti, terza foto F. Ferruzzi, quarta foto P. Martini)

Gli autori e l'editore sono a disposizione degli aventi diritto con i quali non è stato possibile comunicare nonché per involontarie omissioni o inesattezze nella citazione delle fonti dei brani o immagini riprodotte nel presente volume.

Il CD contiene tutti i testi e gli esercizi contrassegnati dal simbolo CD_1.

Durata: 43 minuti
© 2005 Guerra Edizioni - Perugia
Tutti diritti riservati.

Speakers: C. Conforti, L. Cusimano, G. De Rossi, V. Di Pasquale, M. Gonçalves, C. Lacagnina, M. Montemarano, D. Pecchioli, D. Piotti, G. Romano, R. Rossi, L. Ziglio

Finito di stampare nel mese di marzo 2008
da Grafiche CMF - Foligno (PG)
per conto di Guerra Edizioni - Guru s.r.l.